Trust yourself

人生本來就不完美
相信自己
創造奇蹟

鐘紀緯

正面思考 67

人生本來就不完美：相信自己，創造奇蹟

編　　著　鐘紀緯
出 版 者　大拓文化事業有限公司
執行編輯　林秀如
封面設計　林鈺恆
內文排版　姚恩涵

總 經 銷　永續圖書有限公司
劃撥帳號　18669219
地　　址　22103 新北市汐止區大同路三段一九十四號九樓之一
TEL （〇二）八六四七—三六六三
FAX （〇二）八六四七—三六六〇
E-mail　yungjiuh@ms45.hinet.net
網　　址　www.foreverbooks.com.tw

CVS代理　美璟文化有限公司
TEL （〇二）二七二三—九九六八
FAX （〇二）二七二三—九六六八

法律顧問　方圓法律事務所　涂成樞律師

出 版 日◇ 二〇一九年八月

國家圖書館出版品預行編目資料

人生本來就不完美：相信自己,創造奇蹟 / 鐘紀緯編著.
-- 初版. -- 新北市：大拓文化, 民108.08
面；　公分. -- (正面思考；67)
ISBN 978-986-411-101-5(平裝)
1.人生哲學 2.生活指導
191.9　　108009792

序言

一個人走向成功，可以白手起家，但若少了智慧，將會寸步難行。因為，機會就算擺在眼前，但如果不用智慧的眼睛去發現，你也依然會與成功擦肩而過。那麼，我們要怎樣才能擁有智慧呢？

一位學者說：「書潛移默化人們的內心，詩歌薰陶人們的氣質品性。少小所習，老大不忘，恍如身歷其事。書籍價廉物美，不啻我們呼吸的空氣。」書是知識的海洋，我們透過讀書可以汲取到更多的營養，豐富我們的頭腦，進而提高自身素質。精彩的故事，能夠以輕鬆的方式將豐富的哲理展示在大家面前，讓人們更加容易接受智慧的光華。

這是一本充滿智慧的故事書，可以讓我們用心去擁抱生活，用愛去點燃希望；充滿智慧的故事，能夠使我們學會做人，學會處世，學會思考，學會創造。不管你是從頭到尾地仔細品味，還是依興趣隨心情隨意翻閱，都會隨時得到精神的愉悅和心靈的震撼，獲得有助於開拓成功和幸福人生的知識、智慧和力量。

目錄

chapter 1 每個人身上都隱藏著巨大的潛能

RUST
OURS
LFTR
STYO
RSEL

TRUST YOURSELF

chapters 2

對於困難，我們不必害怕也不必迴避

目錄

chapters 3 生命的意義，在於改變

R U S T
O U R S
L F T R
S T Y O
R S E L

TRUST YOURSELF

chapters 4

走別人走過的路，將迷失自己的腳印

目錄

chapters 5 調整自己的行為，才能避免受到別人的傷害

TRUST YOURSELF

chapters 6

要學會享受生活，隨遇而安

Trust Yourself

人生本來就不完美
相信自己
創造奇蹟

Trust Yourself

CHAPTER. 1

每個人身上都隱藏著巨大的潛能

Believe in yourself, create a miracle

慢慢爬行的蝸牛

蝸牛非常羡慕兔子能奔跑得那麼快，雖然牠也曾竭盡全力想加快自己爬行的速度，可是無論怎麼努力，速度還是快不了。對此，牠百思不得其解。為了弄清這個問題，牠只好去請教兔子。

「我盡了最大努力想提高自己的速度，可是為什麼還是爬得那麼慢呢？」兔子看了牠一眼，一針見血地說：「這原因就在於你背上背著的那個『包袱』太沉重了。你如果把它扔了，那爬行的速度就會快得多了。」

蝸牛連連搖頭說：「這可扔不得。扔掉它，下雨了我往哪兒躲？颱風了我往哪兒藏？扔不得，扔不得啊！」

因為蝸牛怕這又怕那的，所以至今還沒扔掉背上的「包袱」，依然在慢慢爬行……

無法勇於對待自己的不足，瞻前顧後，捨不得擺脫阻礙進步的不良習慣，無法有效地提高自己，就只能裹足不前，甘居人後。

樵夫和他的兩個兒子

從前有一個樵夫，他有兩個兒子。他每天都輪流帶一個兒子到森林裡去砍柴，自己砍，叫兒子幫他拾。

後來，這兩個兒子都長大了，樵夫就對他們說：「孩子們，往後你們自己到森林裡去砍柴吧，我就留在家裡了。」

兩個兒子一起說：「爸爸，要是大車壞了由誰來修呀？」

父親對他們說：「孩子們，如果你們的大車壞了，或者還碰到了別的什麼困難，你們都不用怕，『需要』會幫你們的！」

兄弟倆人高高興興地進了森林，他們手腳很快，砍的柴比任何一天都要多。

他們把柴捆好，裝上車，趕著大車就往回走。可是不巧，車子在半路上壞了。於是，兄弟倆趕緊下車，一起喊了起來：「『需要』呀，你快來幫我們修車吧！」

他們喊了一遍又一遍，天快要黑了，他們的嗓子也喊乾了，可是「需要」還是沒有來。

弟弟不高興的說：「這個該死的『需要』就是不來，哥哥，我們還是自己動手修吧！」

哥哥說：「大概是『需要』離我們太遠了沒有聽見，我們來用更大的力氣再喊！」

他們又喊了許多遍，但直到把嗓子喊啞了，「需要」還是沒有來。

弟弟又對哥哥說：「你看，天已經越來越黑了，說不定我們白喊了，誰知道『需要』還會不會來修車呢？」

等得沒有指望了，兄弟倆只好自己動手，一個拿斧頭，一個拿鑿子，兩個人齊心協力，終於把車修好了。

回到家裡，父親問他們：「孩子們，你們是怎麼回來的？」

兄弟倆一起抱怨：「哎呀，爸爸，我們剛開到半路上車就壞了。我們一直喊那個該死的『需要』，把嗓子都喊啞了，他都不來。後來我們拿起斧頭和鑿子，自己把大車修好了。」

父親聽了，高興地說，「我的孩子們，這就是『需要』呀！它就在你們身邊，而你們還喊它呢！沒有人幫助你們，後來你們自己不是也把事情辦好了嗎？所以，人們都說，『需要』會給人增添智慧呢！」

每個人身上都隱藏著巨大的潛能。當生活中迫切需要某種能力的時候，我們的潛在能力就可以得到很好的發揮。

四個尋找新大陸的人

四個尋找新大陸的人，逃脫了狂風巨浪的襲擊之後，幾乎是一無所有了。其中一個是商人、一個貴族、一個牧人和一個王子。他們淪落他鄉，靠沿途乞討維持生活。雖然四人出生各不相同，但命運使他們聚集在一起。

他們在一處泉水旁坐下，共同商議如何擺脫困境。王子總是怨天尤人，而牧人則認為大家要擺脫那已成為往事的回憶，每個人都得盡力而為，為共同的需要出力。「抱怨又能解決什麼問題？」牧人說，「只要努力工作，我們就一定能達到目的。」

牧人的主張馬上得到了其他三位的贊同，商人懂數學，他說：「我去教數學，教多少時間算多少。」

「我教政治。」王子接著說。

貴族也連忙說：「我嘛，懂得音樂，我可以創辦一所學校。」

牧人說：「朋友們，你們談得對，可是怎麼說呢？一個月有三十天，在這段時間裡，你們是拿不到報酬的，怎麼辦？我們就得空著肚子挨餓？你們給了我一線美好的希望，但這太遙遠。誰能供給我們明天的飯菜？或者誰能說出，今天的晚餐是否有了著落？這才是我們的當務之急，你們的學問都派不上用場，而我則可以讓其變成現實。」

說完，牧人去了森林，以砍柴賣得的錢，換來了當日和第二天的飲食，解決了挨餓的問題，四人在以後也都發揮了各自的長處。

不管世事如何變遷，能力是一個人立足社會、賴於生存的基礎。但有時候，謀生用不著高深的學問，倒是實用的本領更有價值。

燭火和太陽

一心大師剛剃度的時候，在法門寺修行。

法門寺是個香火鼎盛、香客絡繹不絕的名寺，每天晨鐘暮鼓，香客如流。一心想靜下心神，潛心修身，但法門寺法事應酬太頻繁，自己雖青燈黃卷苦苦習經多年，但談經論道起來，自己遠不如寺裡的許多僧人。

有人勸一心說：「法門寺是個名滿天下的名寺，水深龍多，納集了天下的許多名僧，你若想在僧侶中出人頭地，不如到一些偏僻小寺中閱經讀卷，這樣，你的才華便會很快光芒顯露了。」

一心自忖良久，覺得這話很對，便決意辭別師父，離開這喧喧嚷嚷、高僧濟濟的法門寺，尋找了一個偏僻冷落的深山小寺去。於是一心就打理了經卷、包裹，去向方丈辭行。

方丈明白一心的意圖後，問他：「燭火和太陽哪個更亮些？」

一心說：「當然是太陽了。」

方丈說：「你願做燭火還是太陽呢？」

一心不假思索地回答道：「我當然願做太陽！」

方丈微微一笑說：「我們到寺後的林子去走走吧。」

法門寺後是一片鬱鬱蔥蔥的松林。方丈將一心帶到不遠處的一個山頭上，這座山頭上樹木稀疏，只有一些灌木和零星的三兩棵松樹。

方丈指著其中最高大的一棵說：「這棵樹是這裡最大最高的，可是它能做什麼呢？」

一心圍著樹看了看，這棵松樹亂枝縱橫，樹幹又短又扭曲，便說：「它只能做煮粥的劈柴。」

方丈又信步帶一心到一片鬱鬱蔥蔥、密密麻麻的林子中去，林子遮天蔽日，棵棵松樹秀頎、挺拔。

方丈問道：「為什麼這裡的松樹每一棵都這麼修長、挺直呢？」

一心說：「都是為了爭著承接天上的陽光吧。」

方丈鄭重地說：「這些樹就像芸芸眾生啊，它們長在一起，就是一個群體，為了一縷的陽光，為了一滴的雨露，它們都奮力向上生長，於是它們棵棵可能成為棟梁。而那遠離群體零零星星的三兩棵，一團一團的陽光是它們的，許許多多的雨露是它們的，在灌木中它們鶴立雞群。沒有樹和它們競爭，所以它們就成了薪柴啊。」

一心聽了，思索了一會兒，慚愧地說：「法門寺就是這一片莽莽蒼蒼的大林子，而山野小寺就是那棵遠離樹林的樹了。方丈，我不會再離開法門寺了！」

在法門寺這片森林裡，一心苦心潛修，後來，終於成為一代名僧。

> 人當然應該有追求卓越之心，但這並不是要你去好高鶩遠，追求虛浮的名利。

蟬和八哥

在一棵大樹上，住著一隻八哥，牠每天都在那兒用非常圓潤的歌喉，唱著悅耳的曲子。

初夏的早晨，當八哥唱歌的時候，忽然聽見了一陣震耳欲聾的嘶叫聲，牠仔細一看，在那最高的樹枝上，貼著一隻蟬，牠一秒鐘也不停地發出「知了—知了—知了」的叫聲，好像喊救命似的。

八哥跳到牠的旁邊，問牠：「喂，你一早起來在喊什麼呀？」

蟬停止了叫喊，看見是八哥，就笑著說：「原來我們是同行啊，我正在唱歌呀。」

八哥問牠：「你歌唱什麼呢？讓人聽起來感覺悲哀，是有什麼不幸的事發生了嗎？」

蟬回答說：「你的表現力比你的理解力要強，我唱的是關於早晨的歌，那一片美麗的朝霞，讓我看了不禁興奮得要歌唱起來。」

八哥點點頭，看見蟬又在抖動起翅膀，發出了聲音，態度很嚴肅。牠知道要勸蟬停止，是不可能的，就飛到另外的樹上唱歌去了。

中午的時候，八哥回到那棵大樹上，牠聽見那隻蟬仍舊在那兒歌唱，那「知了—

知了—知了」的喊聲，比早晨更響。

八哥還是笑著問牠：「現在朝霞早已不見了，你在唱什麼呀？」

蟬回答說：「太陽曬得我心裡發悶，我是在唱熱鬧呀。」

八哥說：「這倒還差不多，人們只要一聽到你的歌就會覺得更熱。」

蟬以為這是對牠的讚美，就越發起勁地唱起來。八哥只好再飛到別的地方去。

傍晚了，八哥回來了，那隻蟬還在唱！

八哥說：「現在熱氣已經沒有了。」

蟬說：「我看見了太陽下山，興奮極了，所以唱歌，歡送太陽。」一說完，牠又繼續唱著，好像怕太陽一走到山的那邊，就會聽不見牠的歌聲似的。

八哥說：「你真勤勉！」

蟬說：「我總好像沒有唱夠似的，我的朋友，你要是願意聽，我可以唱一支夜曲。」

八哥說：「你不覺得辛苦嗎？」

蟬說：「我是愛歌唱的，只有歌唱著，我才覺得快樂。」

八哥說：「但是，我在早上、中午、晚上，聽你唱的是同一首歌呀。」

蟬說：「我的心情是不同的，我的歌也是不同的，我生來就具備了最好的嗓子，我可以一口氣唱很久也不會變調！」

八哥說：「說句老實話，我一聽見你的歌就覺得厭煩極了，原因就是它沒有變化；沒有變化，再好的歌也會讓人厭煩的，你不肯休息，已使我害怕，明天我要搬家了。」

> 再美妙的樂曲，如果反覆重奏也會變得單調和枯燥。任何事物如果一成不變，都會被別人因厭倦而拋棄。因此，在生活中要不斷提高自己的能力，追求「更上一層樓」的境界。

兩棵樹的命運

農夫在地裡種下了兩顆種子，很快它們變成了兩棵同樣大小的樹苗。

第一棵樹開始就決心長成一個參天大樹，所以它拼命地從地下吸收養料，儲備起來，滋潤每一枝樹幹，盤算著怎樣向上生長，完善自身。但因為這個原因，所以在最初的幾年，它並沒有結果實，這讓農夫很惱火。

相反，另一棵樹也拼命地從地下吸取養料，打算早點開花結果，它做到這一點使農夫很欣賞它並經常澆灌它。

時光飛轉，那棵久不開花的大樹因為身強體壯，養分充足，終於結出了又大又甜的果實。而那棵過早開花的樹，卻由於還未成熟時便承擔起了開花結果的任務，所以結出的果實苦澀難吃並不討人喜歡，它還因此而累彎了腰。老農歎了口氣，用斧頭將它砍倒了。

「欲速則不達。」急於求成的結果只會導致過早的失敗，所以我們要甘於寂寞，注重自身能力的累積，厚積薄發，一旦時機來臨，自然會水到渠成。

撿破爛為生的兄弟

有一對以撿拾破爛為生的兄弟，他們天天都盼著能夠發大財。最終，上帝竟因為他倆每一個夢都與發財有關而大受感動，決定給他們一次發財的機會。

一天，兄弟倆照舊從家裡出發沿著街道一起向前走去，這條偌大的街道彷彿被人來了一次大掃除，連平日裡最微小的可回收垃圾都不見了蹤影，僅剩的就是上帝一寸長的小鐵釘。

老大看到路上的鐵釘，便把它們一個一個地撿了起來。老二對老大的行為不屑一顧，並且說：「三兩個小鐵釘能值幾個錢？」

走到了街尾，老大差不多撿了滿滿一袋子的鐵釘。

看到老大的那一大袋鐵釘，老二若有所悟，也打算學老大那樣撿一些鐵釘，不管多少，最起碼也能賣點錢，於是便回頭再去找。可是等他回頭看的時候，來時路上的小鐵釘，卻一個都沒有，因為已經全被老大撿光了。

老二心想：「沒關係，反正幾個鐵釘也賣不了多少錢，老大的那一袋可能連兩塊錢都賣不到。」所以也就不覺得可惜。

於是，兄弟倆繼續再向前走，沒多久，兄弟倆幾乎同時發現街尾新開了一家收購店，門口掛著一塊牌子寫到：「本店急收一寸長的舊鐵釘，一元一根。」

老二後悔得捶胸頓足。老大則將小鐵釘換回了一大筆錢。

店主走近待在街上發愣的老二，問道：「孩子，同一條路上難道你就一根鐵釘也沒看到？」

老二很沮喪：「看到了啊，可是那小鐵釘並不起眼，我沒想到它竟然這麼值錢；等我知道它很有用時，就連一根也找不到了。」

> 「千里之行，始於足下。」「不積小流，無以成江河；不積跬步，無以至千里。」不肯從小事做起的人，很難成就大的事業。

成功是什麼

有一個人，他從小到大都是一名失敗者。他認為是上天的不公平，於是，決定去尋找上帝，詢問上帝成功是什麼。

這個人翻山越嶺，來到河邊，見到一位老翁，就走過去問：「老人家，成功是什麼？」

那位老翁就回答他：「成功就是能每天都釣到魚，那就是成功。」

這位年輕人繼續他的旅途，他渡過了河，來到了森林中，遇見一個正在趕路的中年男人，就問他：「成功是什麼？」

那個中年男人就回答他：「成功就是每天都能捕獲野獸，那就是成功。」

他聽了，就繼續趕路。這個人穿過了森林，也穿過了沙漠，來到沙漠邊緣，找到了上帝，問：「成功是什麼？」

上帝很慈祥地回答：「成功是生活，成功是經驗，成功是汗水。年輕人，不要執著於成功，而應享受成功的過程。」

年輕人聽了，頓時明白，就辭別了上帝，回家去了。

到家之後，他將旅途上的所見所聞寫了下來，出了一本書，他憑藉著這本書，終於獲得了成功。

> 很多人都想成功，卻很難成功，為什麼呢？因為他們不懂得研究人生，不願意付出汗水，不願意採取具體的行動。

狐狸的「錦囊妙計」

貓和狐狸外出去朝拜聖地，牠們倆打扮得像兩個小聖徒，實際上是兩個圓滑刁鑽、阿諛奉承的偽君子。牠們倆一路上盡幹壞事，沿途騙吃騙喝，完全沒有花費到自己的一分錢。

漫長的旅途十分枯燥無聊，用辯論來打發時間是一個好辦法，於是牠們倆便開始爭論一些問題。整日裡，空曠的路上充斥著這兩位朝聖者的吵嚷聲。在結束一個話題後，牠們談起了周圍的同伴。

狐狸對貓輕蔑地說道：「你自認為聰明，其實你懂些什麼，我有的是錦囊妙計。」

「那有什麼用，」貓說，「我的袋子裡只有一招，但它足以勝過各種計謀。」

於是牠們之間又重新爆發了新一輪的爭論，各說各的理，吵得不可開交。

就在這時，一群獵狗趕來了，於是爭吵得以迅速的平息。

貓對狐狸說：「朋友，現在就看你有什麼錦囊妙計了，多動腦筋想想看，趕緊找一條逃生之計吧，對我來講就看這一招了。」

話音剛落，貓縱身跳到樹上，爬了上去。狐狸只得動腦筋想辦法了，然而，牠想出的上百條計謀根本不管用，不得已只得不斷尋找路旁附近的窩穴躲藏，想辦法要把這群獵狗引入歧途。

狐狸到處找尋安全隱蔽之處，卻沒找到一個像樣的地方。在受到煙熏和獵狗的追咬後，狐狸冒險鑽出了地面，隨即被兩隻動作俐落的狗一擁而上，咬住咽喉死了。

許多無關緊要的本事對做好事情並沒幫助；倒不如扎扎實實地練出一門實用的本領來，這種本領在關鍵時刻才能派上用場。

動物的四重奏

淘氣的小猴子，毛總是糾纏不清的山羊，驢子和笨手笨腳的熊，準備來一次四重奏。牠們找到了樂譜，中提琴、小提琴和兩把大提琴，就坐在一棵菩提樹下的草地上，想用牠們的藝術風靡全世界。

牠們咿咿呀呀地拉著弓弦；亂糟糟的一陣吵鬧，天哪，不曉得是什麼名堂！

「停止吧，兄弟們，」小猴子說道，「等一下，像這樣是無法演奏的，你們連位子都沒坐對！大熊，你拉的是大提琴，該坐在中提琴的對面，第一把提琴呢，該坐在第二把提琴的對面；這樣一來，你看著吧，我們就能奏出截然不同的音樂，讓山嶺和樹林都喜歡得跳起舞來。」

牠們調動了位置，重新演奏起來，然而怎麼也演奏不好。

「嗨，停一停，」驢子說道，「我找到竅門了！我相信坐成一排就好了。」

牠們按照驢子的辦法，坐成一排。可是，這樣不但不管用，還是雜亂得一塌糊塗，於是牠們對怎樣坐法以及為什麼這樣坐，爭吵得更加厲害了。

吵鬧的聲音，招來了一隻夜鶯。大家就向牠請教演奏的竅門。

「請你耐心教導我們，」牠們說，「我們正在弄一個四重奏，但一點也搞不出名堂，我們有樂譜、樂器，只要你告訴我們怎樣坐法！」

「要把四重奏演奏的得心應手，你們必須懂得演奏的技術，」夜鶯答道，「光知道怎樣坐法是不夠的。再說呢，我的朋友們，你們的聽覺也太不高明了。不管是換個坐法，還是換個提琴，你們都不適合做室內音樂。」

想做好一件事情，最重要的是內部素質和基本能力，而不是能夠僅僅依靠追求外表相似或外在形式的相像所能達到目的的。

Trust Yourself

賣弄小聰明的獵人

據說，鹿怕山狸，山狸怕老虎，老虎怕馬熊。

楚國有個獵人，打獵的本領不強，但他會耍小聰明。他用竹管削成口哨，能逼真地模仿各種野獸的叫聲。他常學羊叫、鹿鳴，把黃羊、梅花鹿引到面前捕殺。

有一次，他又帶著弓箭、火藥等東西上山了。

他用口哨吹出鹿鳴的聲音。沒想到，逼真的鹿鳴聲把想吃鹿肉的山狸引出來了。獵人嚇了一跳，連忙吹出老虎的吼叫聲，把山狸嚇跑了。

但逼真的虎吼又招來一隻餓虎。獵人更慌了，急忙吹出熊的吼聲，把老虎嚇跑了。

他剛想喘口氣，一隻張牙舞爪的熊聞聲尋來。

這個只會耍小聰明的獵人再也吹不出別的野獸叫聲來嚇唬熊了。他魂飛魄散，癱成一團，而熊撲上來把他撕成了碎塊。

> 在工作和生活中，我們做任何事情都要憑真本事，靠踏踏實實的態度，不能只靠耍耍小聰明；否則，一旦對手認真起來，我們就會遇到挫折，遭受損失。

打算蓋房子的猴子

黑夜突然降臨到森林中，人和動物們紛紛往各自的家裡跑去。

他們都想在自己的家裡安安穩穩地睡上一覺，否則，就可能被迫在外邊露宿。只有猴子對漆黑的夜晚毫不在乎。牠們在棕櫚樹上跳來跳去，尋找一些東西塞進嘴裡，然後盡情玩耍。

「蓋房子有什麼用呢？我們應該吃喝玩樂，為什麼要把時間花費在蓋房子上呢？至於睡覺，唉，我們一點也不睏！」然而瞌睡終於找上門來了。當猴子睏得要命時，牠們就躺在棕櫚樹的樹枝上睡覺。這對牠們已經習以為常，因為第二天牠們會在美麗的陽光下醒來，而且在陽光的照射下，牠們可以整天在森林中玩樂。

然而這一次卻出乎猴子們的預料之外。牠們剛閉上眼睛，一場大雨就傾盆而下。牠們找啊找的，就是找不到一塊乾的地方可以遮風避雨。

「哎呀呀！哎呀呀！這麼大的雨！」

猴子被大雨從頭澆到腳，牠們喊叫著，被凍得渾身發抖。最後牠們下定了決心：

「明天早晨我們就蓋房……」

「屋頂下我們安然無恙！」

「我們要不停地蓋一天！」

「絕不貪玩和浪費時間！」

在滂沱大雨中，猴子們一直坐到天亮，爭論著如何動手蓋房。當太陽把最初的幾縷陽光撒在牠們身上時，牠們所做的第一件事情就是互相對看，然後笑得前俯後仰。猴毛被大雨一淋緊緊地貼在身上，這樣的奇遇實在不尋常。

那天，猴子們懷著無限興奮的心情迎接著朝霞。牠們快樂得躺在地上，梳著身上的毛，當全身曬乾以後，牠們攀住樹枝和藤蔓作為鞦韆盪來盪去，早把昨天晚上的暴雨忘得一乾二淨了，而且更不記得曾經下過決心要蓋一座房子來避雨。

整個白天，猴子們依然嬉笑打鬧，晚上，牠們又在棕櫚樹上累得睡著了。一場大雨又落在牠們的身上，猴子們又一次發誓，天一亮就蓋房。誰也無法改變猴子的懶惰，牠們畢竟是猴子。當太陽又一次把牠們的毛曬乾以後，牠們又忘記了蓋房子的事。所以猴子的這座房子，直到現在也沒有蓋起來。

人無遠慮，必有近憂。未雨綢繆勝似「臨渴掘井」。生活中有什麼缺陷需要彌補的時候，一定要立即採取積極行動，千萬不要懶惰和拖逕；否則，終將一事無成。

聰明人推車

一輛車子不幸掉下了水溝，車上的人都有義務下來幫忙推車。

大家都推得滿頭大汗，鞋襪盡沾滿污泥，而有一個聰明人，光站在一旁指揮：「往這邊，往這邊，輪子差不多要上來了。大家再用點力，可別偷懶。」

輪子上來了，車子又可以開動了。這時，大家已經都筋疲力盡，連話都懶得說了，而那個一身光鮮的聰明人，卻興致勃勃，逢人便大談此事，把他的指揮說得神乎其神，大家都以欽羨的眼光瞧著他。當然，所有參與推車的人都曉得不是那麼一回事。但他們長於出力，並不善於張嘴，想要辯也辯不出來。結果功勞當然盡歸聰明人了。

不過，大家也並非蠢笨到朽木不可雕的地步，多多少少也會學點，更何況還有「榜樣」可以模仿。長久下去，出力推車的人肯定逐漸減少，而光憑一張嘴站在一旁喊加油的聰明人行列肯定越來越多。總有一天，車子即使是一個輪子陷在小窟窿裡，也別想有人推它上來了。

> 光說不做，什麼事也做不好。當越來越多的人只會投機取巧，出嘴不出力，終有一天，所有的工作都難於進行下去。

印第安老人的豪華轎車

多年以前，在奧克拉荷馬州的一片私人土地上發現了石油，這片土地屬於一個年老的印第安人。這位印第安人一輩子窮困潦倒，石油的發現使他一夜之間成為百萬富翁。

發財以後他做的第一件事就是給自己買了一輛豪華的「凱迪拉克」轎車。當時的轎車在車後配有兩個備用輪胎。可是這位印第安人想使它成為鄉里間最長的車子，於是又給它加上了四個備用輪胎。

他買了一頂林肯式的長筒帽，配上飄帶和蝴蝶結，嘴上還叼著一支又粗又長的黑雪茄菸，就這樣把自己裝扮了起來。每天，他都要開車到附近那個熙熙攘攘、又髒又亂的小鎮去。他想去見每一個人，也想讓人人都看看他。

他是一位廣結朋友的老人，開車通過鎮上時，他得不停地左顧右盼與碰到的熟人寒暄，前後左右不停地與來自四面八方的熟人都打招呼。

有趣的是，他的車從來沒有撞傷過一個人，他本人也從未有過身體受傷或財產受損的事。原因很簡單：在他那輛氣派非凡的汽車前面，有兩匹馬拉著汽車。

他的機械師說汽車的發動機完全正常，只是老印第安人從沒學會用鑰匙插進去啟動點火。在汽車裡面有一百匹馬力準備就緒，昂首待發，可是老印第安人就是要用汽車外面那兩匹馬。許多人都犯了這樣的錯誤，他們只看到外面兩匹馬的力量，卻看不到裡面一百匹馬的力量。

> 心理學家告訴我們，我們所使用的能力只有我們所具備能力的不到百分之五。為了使生活更加完美，儘快開發自己的潛能吧！

千錘百煉的智慧語錄

數百年前，一位老國王召集了許多聰明的臣子並交代了一個任務。

「我要你們編一本《各時代智慧錄》，好流傳給子孫。」

這些聰明人離開老國王後，工作很長一段時間，最後完成了一本十二卷的巨作。老國王看了後說：「各位先生，我確信這是各時代的智慧結晶。然而，它太厚了，我怕人們不會去讀完它。把它濃縮一下吧！」

這些聰明人又經過長期的努力工作，幾經刪減之後，完成了一卷書。然而老國王還是認為太長了，又命令他們繼續濃縮。

這些聰明人把一本書濃縮為一章，然後濃縮為一頁，濃縮為一段，最後則濃縮成一句。老國王看到這句話時，顯得很得意，說：「各位先生，這真是各時代的智慧結晶，並且各地的人一旦知道這個道理，我們擔心的大部分問題就可以解決了。」

這句千錘百煉的話是：「天下沒有免費的午餐。」

「天下沒有免費的午餐。」春天播種，秋天才有收穫；在生活中，付出的越多，得到的越多。

一塊質感上乘的石頭

曾經，有個著名的雕刻師準備塑造一尊佛像讓人膜拜。精挑細選後，他看上其中一塊質感上乘的石頭。沒想到，他才拿起銼刀敲幾下，這塊石頭就痛不欲生，不斷哀嚎：「痛死了，痛死了，哎呀，不要再刻了，饒了我吧！」

師傅只好停工，讓其躺在地上，另外再找了一塊質感差一點的石頭重新琢磨。只見這塊較差的石頭，任憑刀琢棒敲，一概咬緊牙根堅忍承受，默然不語。師傅更是賣力，在精雕細琢下，果然雕刻成了極品。大家驚歎為傑作，決定加以供奉，供善男信女日夜頂禮膜拜，從此，該廟宇香火鼎盛，遠近馳名。不久，無法忍受雕刻之痛的前一塊石頭，被人廢物利用，鋪在通往廟宇的馬路上。人車頻繁經過，又要承受風吹雨打，實在痛苦不堪，內心亦憤憤不平。它質問廟裡這尊佛像，說道：「你資質比我差，卻享盡人間禮讚尊崇，我卻每天遭受凌辱踐踏，日曬雨淋，憑什麼？」

佛像只是微笑，說：「誰叫你當初受不了苦，沒敲幾下，就哇哇大叫？」

在充滿坎坷的人生中，唯有肯於比別人忍受更多痛苦的人，才能超越他人而成為強者，品嘗別人欣賞不到的人生。

智者的答案

一個青年去尋找深山裡的智者，向他請教一些人生問題。

「請問大師，你生命中的哪一天最重要？是生日還是死日？是上山學藝的那一天，還是得道開悟的那一天？……」青年連珠炮似的問。

「都不是，生命中最重要的是今天。」智者不假思索地答道。

「為什麼？」

青年甚為好奇：「今天發生了什麼驚天動地的大事？」

「今天什麼事也沒有發生。」

「那今天重要是不是因為我的來訪？」

「即使今天沒有任何來訪者，今天也仍然重要，因為今天是我們擁有的唯一財富。昨天不論多麼值得回憶和懷念，它都像沉船一樣沉入海底了；明天不論多麼燦爛輝煌，它都還沒有到來；而今天不論多麼平常、多麼暗淡，它都在我們手裡，由我們自己支配。」

青年還想問，智者收住了話頭：「在談論今天的重要性時，我們已經浪費了我們的『今天』，我們擁有的『今天』已經減少了許多。」

青年若有所思地點點頭，然後就疾步下山了。

> 生命只有一次，而人生也不過是時間的累積。要珍惜今天的一分一秒，因為它們將一去不復返。

拔樹的小男孩

有一個小男孩，特別喜歡爬樹，無論樹長的多麼高大，樹皮多麼光滑，他總是能輕而易舉地爬上去。當他爬遍了村裡所有的樹以後，就有些狂妄，覺得自己既然能爬到樹上，那麼也應該能把樹拔起來。

他擺開架式，準備一展雄姿，但是任憑他費盡九牛二虎之力，那些樹還是紋風不動，就算一棵最小的樹，他也拔不起來。他非常不解。

正在這時，一位老人走過來。

「孩子，不要白費力氣了，你永遠也拔不起一棵樹的，每一棵樹其實都是兩棵樹。」老人笑著說，「向上長的那一棵，你看見了，並且輕而易舉地爬了上去；向下長的樹根，是另一棵樹，你卻沒有看見。作為一棵樹，向下長得越深，向上長得就越高。」

一個人，要想順利地成長和發展，也要像大樹紮根一樣打好基礎。只有這樣，才能保持足夠的力量，抵禦前進途中各種狂風暴雨的侵襲。

秀才抽籤

相傳在明朝，有一位泉州秀才梁炳麟赴京去會考。考完試以後，梁炳麟自覺考得不錯，心情愉快地回泉州等待放榜，途經揚州，借宿在一間天公廟裡。晚上睡覺時夢到福祿壽三仙在唱詞作樂，詞意優雅，清晰可聞。第二天，梁炳麟起床自以為得了吉兆，就到大殿去抽籤，結果他抽中的籤是上上簽：

三篇文章入朝廷，中得三頂甲文魁。

功名威赫歸掌上，榮華富貴在眼前。

他當下以為一定可以高中狀元，就興致勃勃回到泉州等待佳音，但放榜時竟然名落孫山。梁炳麟心灰意冷，百思不得其解為什麼神明要捉弄他。

後來，他藉著刻木偶演戲來發抒自己的情感，並自創戲文演給鄉親娛樂，沒想到大受歡迎，在泉州一帶造成轟動，常有人不遠千里來看他演戲。梁炳麟心裡找到寄託，從此無意仕途。

有一天，他正在演出一齣文狀元的戲時，突然想起從前抽籤的籤詩：「功名威赫歸掌上，榮華富貴在眼前」，才知道籤詩中有深遠的含義。自此更潛心創作布袋戲，成為布袋戲的一代宗師，他的徒子徒孫更進一步發揚他的技藝，使布袋戲成為明朝以來閩南最重要的戲劇形式，梁炳麟也因此名傳青史。

布袋戲祖師梁炳麟，到他成名時才悟出了「功名威赫歸掌上」的真義。

人生中的一切，到最後多是在自己的掌上。功名威赫固然在掌上，潦倒一生又何嘗逃出了掌心呢？肯於努力，敢於與命運抗爭，才能掌控自己的人生。

一個愛爾蘭家庭

以前，有一個愛爾蘭家庭要移民美洲。他們非常窮困，於是辛苦工作，省吃儉用三年多，終於存了一點錢買了去美洲的船票。

當他們被帶到甲板下睡覺的地方時，全家人以為整個旅程中他們都得待在甲板下，而他們也確實這麼做，僅吃著自己帶上船的少量麵包和餅乾充饑。

一天又一天，他們嫉妒的看著頭等艙的旅客在甲板上吃著奢華的大餐。最後，當船快要停靠愛麗絲島的時候，這家其中一個小孩生病了。做父親的找到服務人員說：「先生，求求你，能不能賞我一些剩菜剩飯，好給我的小孩吃？」

服務人員回答說：「這些餐點任何乘船的人都可以吃，你們也可以吃啊。」

「是嗎？」這人回答說，「你的意思是說，整個航程裡我們都可以吃得很好？」

「當然！」服務人員以驚訝的口吻說，「在整個航程裡，這些餐點也供應給你和你的家人，你的船票只是決定你睡覺的地方，並沒有決定你的用餐地點。」

> 如一位哲人所說：「無論你身處何境，都是自己的選擇。」人人都有成功的權力。但是，成功是要尋訪、要共用、要想辦法接近的。

痲風病人和天神

從前，有個生痲風病的病人，病了近四十年，一直躺在路旁，等人把他抬到有神奇力量的水池邊。但是他躺在那兒近四十年，仍然沒有往水池目標邁進半步。

有一天，天神碰見了他，問道：「先生，你要不要被醫治，解除病魔？」

那痲風病人說：「當然要！可是人心好險惡，他們只顧自己，絕不會幫我。」

天神聽了，再問他：「你要不要被醫治？」

「要，當然要啦！但是等我爬過去時，水都乾涸了。」

天神聽了那痲風病人的話後，有點生氣，再問他一次：「你到底要不要被醫治？」

他說：「要！」

天神回答說：「好，那你現在就站起來自己走到那水池邊去，不要老是找一些無法實現的理由為自己辯解。」聽此，那痲風病人深感羞愧，立即站起身來，走到水池邊去，用手心盛著神水喝了幾口。剎那間，他那糾纏了近四十年的痲風病竟然好了！

> 不要習慣於找一大堆藉口來為自己的失敗而狡辯；應該想想自己究竟為理想付出了多少努力。只要不懈地努力去爭取，你就能夠控制命運。

一位老人的夢

新年的夜晚，一位老人佇立在窗前。他悲戚地舉目遙望蒼天，繁星宛若玉色的百合漂浮在澄靜的湖面上。老人又低頭看看地面，幾個比他自己更加無望的生命正走向它們的歸宿——墳墓。老人在通往那塊地方的路上，也已經消磨掉六十個寒暑了。在那旅途中，他除了有過失望和懊悔之外，再也沒有得到任何別的東西。他老態龍鍾，頭腦空虛，心緒憂鬱。

年輕時代的情景浮現在老人眼前，他回想起那莊嚴的時刻，父親將他置於兩條道路的入口——一條路通往陽光燦爛的昇平世界，田野裡豐收在望，柔和悅耳的歌聲四方迴盪；另一條路卻將行人引入漆黑的無底深淵，從那裡湧流出來的是毒液而不是泉水，蛇蟒到處蠕動，吐著舌箭。

老人仰望夜空，苦惱地失聲喊道：「青春啊，回來！父親喲，把我重新放回人生的入口吧，我會選擇一條正路！」可是，父親以及他自己的黃金時代都一去不復返了。

他看見陰暗的沼澤地上空閃爍著幽光，那光亮飄移明滅，瞬息即逝了，那是他輕拋浪擲的年華。他看見天空中一顆流星隕落下來，消失在黑暗之中，那是他自身的象徵。徒然的懊悔像一支利箭射穿了老人的心臟。

他記起了早年和自己一同踏入生活的夥伴們，他們走的是高尚、勤奮的道路，在這新年的夜晚，載譽而歸，無比快樂。

高聳的教堂鐘樓鳴響了，鐘聲使他回憶起兒時雙親對他這浪子的疼愛。他想起了困惑時父母的教誨，想起了父母為他的幸福所作的祈禱。強烈的羞愧和悲傷使他不敢再多看一眼父親居留的天堂。

老人的眼睛黯然失神，淚珠潸然墜下，他絕望地大聲呼喚：「回來，我的青春！回來呀！」

老人的青春真的回來了。原來，剛才那些只不過是他在新年夜晚打盹兒時做的一個夢。儘管他確實犯過一些錯誤，眼下卻還年輕。他虔誠地感謝上天，時光仍然是屬於他自己的，他還沒有墮入漆黑的深淵，盡可以自由地踏上那條正路，進入福地洞天，豐碩的莊稼在那裡的陽光下起伏翻浪。

依然在人生的大門口徘徊逡巡、躊躇著不知該走哪條路的人們，記住吧，等到歲月流逝，你們在黯黑的山路上步履踉蹌時，再來痛苦地叫喊，「青春啊，回來！還我年華！」，那只能是徒勞無功的。

Trust
Yourself

CHAPTER. 2

對於困難，我們不必害怕也不必迴避

Believe in yourself, create a miracle

絆腳石和墊腳石

一個走夜路的人碰到了一塊石頭，他重重地跌倒了。他爬起來，揉著疼痛的膝蓋繼續向前走。

他走進了一個死巷子。前面是牆，左面是牆，右面也是牆。前面的牆剛好比他高一個頭，他費了很大力氣也攀不上去。忽然，他靈機一動，想起了剛才絆倒自己的那塊石頭，「為什麼不把它搬過來墊在腳底下呢？」於是他折了回去把那塊石頭搬了過來，放在牆下。

踩著那塊石頭，他輕鬆地爬到了牆上，輕輕一跳，他就越過那堵牆了。

逆境人人都會遇到，只要信心不倒，你可以努力把絆腳石變成墊腳石，化不利為有利。

奮不顧身的松鼠

在一片茂密的森林中，一直以來都沒有發生過什麼太大的變故。平時也就是偶爾有幾隻老虎、獅子之類的猛獸經過，小動物們也都懂得將自己藏匿起來，不至於成為猛獸腹中的食物。所以，這些小動物大都能夠安然的生活在森林中，直到終老。

但是有一天，空中落下了一道非常刺眼的閃電，電光擊中森林中最大的一株樹木，受擊的樹木立刻燃起熊熊的大火。

這場森林大火一發不可收拾，火舌四處飛，席捲了森林中無數樹木的枝葉，同時也威脅到所有小動物的生命安全。

驚慌的小動物們拼命向森林外奔逃，希望能逃出這場大火造成的劫難。但牠們卻不知道，當閃電擊中那棵大樹，大火燃起的同時，在森林四周，早已被大火引來了無數貪婪的肉食猛獸，牠們正張大了口、等候這些逃難的小動物們自己送上門來。

在這片森林的所有動物當中，只有一隻小松鼠和其他的動物不同。牠非但沒有逃難，反而奮不顧身地向著大火衝去。

小松鼠看見森林中有一個即將被火烤乾的水塘，便毫不猶豫地跳進水塘，把自己的身體沾濕，然後奮不顧身地衝進火場，拼命抖灑著黏附在身上的水珠，希望能夠緩解正在毀滅森林的火勢。

這件事讓一位天神看到了，他想知道這個小松鼠在幹什麼。於是便化身成為一位老者，來到小松鼠面前，問道：「孩子，你這是在幹什麼？」

「我在救火。」小松鼠一邊不停地往火堆上灑水珠，一邊回答道。

天神說道：「難道你不知道，像你這樣的做法，對這場大火是根本無濟於事的嗎？」

小松鼠仍是賣力地用身體沾水、滅火，百忙中還對天神化身的老者說：「也許以我的力量不足以滅火，但我相信憑藉我的努力，至少可以減少森林中幾隻小動物的傷亡。」

天神覺得應該幫牠一把，於是便降雨熄滅了這場大火，森林保住了，小動物們又過著平靜的生活。

「勿以善小而不為」。人的能力有大小，但只要有了不懈努力的精神，就有了實現自己人生理想的希望。

阿呆和阿土

阿呆和阿土都是十分老實的漁民，但卻都夢想著成為大富翁。

有一天，阿呆做了一個夢，夢裡有人告訴他對岸的島上有座寺廟，寺裡種有四十九棵朱槿，其中開紅花的一株下面埋有一壇黃金。

阿呆便滿心歡喜地開船去了對岸的小島。島上果然有座寺廟，並種有四十九棵朱槿。此時已是秋天，阿呆便住了下來，等候春天的花開。隆冬一過，朱槿花一一盛開了，但都是清一色的淡黃。阿呆沒有找到開紅花的那一株。寺裡的僧人也告訴他從未見過哪棵朱槿開紅花。阿呆便垂頭喪氣地開船回到了村莊。

後來，阿土知道了這件事，他就用幾文錢向阿呆買下了這個夢。阿土也去了那座島，並找到了那座寺廟。又是秋天，阿土也住下來等候花開。

第二年春天，朱槿花凌空怒放，寺裡一片燦爛。奇蹟就在此時發生了：果然有一株朱槿盛開出美麗絕倫的紅花。阿土激動地在樹下挖出了一壇黃金。後來，阿土成了村莊裡最富有的人。

這個故事在日本流傳了近千年。遺憾的是，阿呆與富翁的夢想只隔一個冬天。他忘了把夢帶入第二個燦爛花開的春天，而那足可令他一世激動的紅花就在第二個春天盛開了！阿土無疑是個聰明者：他相信夢想，並且等待另一個春天！

執著的心可以移山，也可以填海。只要你肯付出努力，隨著時間的推移，一切困難的局面都可能改變。

沙漠旅客

兩人結伴橫過沙漠，水喝完了，其中一人中暑無法行動。剩下的那個健康而又饑餓的人對同伴說：「好吧，你在這裡等著，我去找水。」他把手槍塞在同伴的手裡說：「槍裡有五顆子彈，記住，三小時後，每小時朝天鳴槍一聲，槍聲會指引我找到正確的方向，與你會合。」

兩人分手，一個充滿信心去找水，一個滿腹狐疑地臥在沙漠裡等候，他看著錶，按時鳴槍，但他很難相信除了自己還會有人聽見槍聲。

他的恐懼加深，認為那同伴找水失敗，中途渴死；不久，又相信同伴找到了水，卻棄他而去不再回來。

到應該擊發第五槍的時候，這人悲憤地思量：「這是最後一顆子彈了，同伴早已聽不見我的槍聲，等到這顆子彈用過之後，我還有什麼依靠呢？我只有等死而已。而在一息尚存之際，禿鷹會啄瞎我的眼睛，那是多麼痛苦，還不如……」他把槍口對準自己的太陽穴，扣動了扳機。

不久，那提著滿壺清水的同伴，領著一隊駱駝商旅循聲而至。他們所找到的是一具屍體。

決堤毀壩是可怕的，但最可怕的是意志和信念的崩潰。如果沒有戰勝怯懦的勇敢，就不會聽到勝利的宣言；如果沒有克服困難的信念，就不會延伸前進的航線。

老鼠鑽牛角尖

老鼠鑽到牛角尖中去了。牠跑不出來，卻還在拼命往裡頭鑽。

牛角對牠說：「朋友，請退出去，你越往裡鑽，路越狹窄。」

老鼠生氣地說：「哼！我是百折不撓的英雄，只有前進，絕不後退！」

「可是你的路走錯了啊！」

「謝謝你，」老鼠還是堅持自己的意見，「我一生從來就是鑽洞過日子的，怎麼會錯呢？」

不久，這位「英雄」便這樣活活悶死在牛角尖裡了。

百折不撓的精神令人讚賞，但若你選擇了錯誤的方向，走上了錯誤的道路，還是及早回頭的好，因為你走得越遠，便離失敗越近。

一個好消息和壞消息

很早以前，有一群印第安人被白人追趕，他們逃到了某個地方，處境十分危險。由於情況危急，酋長便把所有的族人召集起來談話。

他說：「有些事我必須告知大家，我們的處境看起來很不妙，我這裡有一個好消息，也有一個壞消息。」

族人中間立刻起了一陣騷動。

酋長說：「首先我要告訴你們壞消息。」

所有的人都緊張地站著，神色惶恐地等待著酋長的話，他說：「除了水牛的飼料以外，我們已經沒有什麼東西可吃了。」

大家開始你一言我一語地談論起來，到處發出「可怕啊」、「我們可怎麼辦啊」的聲音。突然一個勇敢的人發問了：「那麼好消息又是什麼呢？」

酋長回答：「那就是我們還存有很多的水牛飼料。」

傑出者不過是比一般人更樂觀，更執著。一個在厄運面前不會絕望的人，才能贏得更多的成功的機會。

掉進枯井的驢

有一天，有個農夫的一頭驢子，不小心掉進一口枯井裡，農夫絞盡腦汁想辦法救出驢子，但幾個小時過去了，驢子還在井裡痛苦地哀嚎著。

最後，這位農夫決定放棄，他想這頭驢子年紀大了，不值得大費周章去把牠救出來，不過無論如何，這口井還是得填起來。於是農夫便請來左鄰右舍幫忙一起將井中的驢子埋了，以免除牠的痛苦。農夫的鄰居們人手一把鏟子，開始將泥土鏟進枯井中。當這頭驢子瞭解到自己的處境時，剛開始哭得很淒慘。但出人意料的是，一會兒這頭驢子就安靜下來了。

農夫好奇地探頭往井底一看，出現在眼前的景象令他大吃一驚：當鏟進井裡的泥土落在驢子的背部時，驢子的反應令人稱奇——牠將泥土抖落在一旁，然後站到鏟進的泥土堆上面！就這樣，驢子將大家鏟到在牠身上的泥土全都抖落在井底，然後再站上去。很快地，這隻驢子便得意地上升到井口，在眾人驚訝的表情中快步地跑開了！

對於困難，我們不必害怕也不必迴避，而應以積極的態度迎難而上，在征服困難的過程中，我們被鍛鍊得更加堅強。

老船長和風浪

一艘捕蟹船上住著老船長和他的兒子，他們常常高掛桅燈，開著一艘小船到海裡捕蟹。那滿艙的星光，滿懷的明月，是老船長歲月裡的明燈。可惜，老船長染上了眼疾，幾乎致盲，但仍陪兒子下海捕蟹。

一夜，老船長父子正捕蟹，突然烏雲密佈，惡浪洶湧，狂烈的風嘩啦一聲就拍碎了桅燈，頓時，他們被捲入了黑色的漩渦，覆舟在即。

「爸爸，我分辨不出方向啦！」兒子絕望地喊道。老船長踉踉蹌蹌從船艙裡摸黑出來，推開兒子，自己掌起舵來。最後，蟹船劈開風浪，靠向燈光閃爍的碼頭。

「爸爸，您視力不好，怎麼還能辨出方向？」

「因為我的心裡裝著盞燈呢。」老船長悠悠地說。

不管遇到什麼困難和障礙，一個人的心中都要有一盞永不熄滅的希望之燈，這樣才能走出重重迷霧，戰勝各種障礙。

富翁和窮人

有個富翁，他想拿出一百萬元送給窮人，條件是他們必須都是能夠堅持到底的人。他的分配方法是，選一百個人，送給他們每人一萬元。

廣告一登出來，很快的應徵者雲集，他從成千上萬的應徵者中選出了一百名，給他們每人五千元，並要他們第二年再來取剩下的五千元。

第二年只有九十個人來取錢，因為其餘的十個人興奮過度，心臟病發作住進了醫院，那五千元成了他們的醫藥費。

他取消了那十個人剩下的那筆錢，表示要把那五萬元平均送給這九十個人，明年來取。

第三年他宣佈，送錢給大家只是開個玩笑，他要收回已經送給他們的錢，一聽到這些話當場就有四十個人暈了過去，有四十個人拿著到手的五千元跑了。

最後只有十個人留了下來。富翁說，現在還有五十萬，平均分給你們十個人，每人可得五萬，明年來取。

第四年只有五個人來，沒來的五個人裡，有兩個高興得病倒了，有兩個無法忍受等待憂憤而死，有一個認定富翁是個騙子。

富翁宣佈取消缺席者剩下的錢，把剩下的五十萬送給最後五個人，每人十萬，明年來取。

第五年只有一個人來，沒來的四個人裡，兩個人因極度興奮心臟病急性發作，死在去醫院的路上，另外兩個到處宣傳富翁是個騙子，他們成了哲學家。

最後來的那個人獨得了一筆鉅款，五十萬元加上四年的利息五萬元，總共五十五萬，他一個人得到的比那九十九個人加起來得到的還多。

生命的獎賞常常遠在旅途終點，而非起點附近。誰都不知道要走多少步才能達到目標，踏上第一千步的時候，仍然可能遭到失敗。但每一次的失敗，都會增加下一次成功的機會。

神仙教授的釀酒祕方

傳說，有兩個人偶然與神仙邂逅。神仙教授他們釀酒之法，叫他們選端陽那天成熟、飽滿的大米，與冰雪初融時高山飛瀑、流泉的水珠調和了，注入千年紫砂土燒製成的陶甕，再用初夏第一張沐浴朝陽的新荷裹緊，密閉七七四十九天，直到凌晨雞叫三遍後方可啟封。

像每一個傳說裡的英雄一樣，他們牢記神仙的祕方，歷盡千辛萬苦，跋涉千山萬水，風餐露宿，找齊了所有必需的材料，把夢想和期待一起調和密封，然後潛心等候著那激動人心、註定要到來的一刻。

時間一天天地過去了，多麼漫長的守護啊。

當第四十九天姍姍到來時，即將開甕的美酒使兩人興奮得整夜都無法入睡，他們徹夜都豎起耳朵準備聆聽雞鳴的聲音。終於，遠遠地，傳來了第一聲雞啼，悠長而高亢。

又過了很久很久，依稀響起了第二聲，緩慢而低沉。等啊等啊，第三遍雞啼怎麼來得那麼慢，它什麼時候才會響起啊？其中一個再也按捺不住了，他放棄了忍耐，迫不及待地打開了陶甕，但結果，卻讓他嚇呆了——裡面是一汪水，混濁，發黃，像醋一樣酸，又彷彿破膽一般苦，還有一股難聞的怪味……怎麼會這樣？他懊悔不已，但一切都不可挽回，即使加上他所有的跺腳、自責和歎息。最後，他只有失望地將這水灑在地上。

而另外一個人，雖然心中的欲望像一把野火熊熊燃燒，燒烤得他好幾次都想伸手掀開甕蓋，但剛要伸手，他及時咬緊牙關挺住了。直到第三聲雞啼響徹雲霄，東方一輪紅日冉冉升起——啊，多麼清澈甘甜、沁人心脾的瓊漿玉液啊！

成功者和失敗者之間最大的差別，往往不是智商的不同和能力的大小，而只在於前者的韌性和耐心，在於前者懂得「行百里路半九十」的道理。

最棒的玉米

一個老婆婆在屋子後面種了一大片玉米。一根顆粒飽滿的玉米說道：「收穫那天，老婆婆肯定先摘我，因為我是今年長得最好的玉米！」

可是收穫的那天，老婆婆並沒有把它摘走。

「明天，明天她一定會把我摘走。」很棒的玉米自我安慰著。

第二天，老婆婆又收走了其他玉米，就是唯獨沒有摘這個玉米。

「明天，老婆婆一定會把我摘走！」很棒的玉米仍然自我安慰著……可是老婆婆依然沒有來。

一天又一天，很棒的玉米絕望了，原來飽滿的顆粒變得乾癟堅硬，整個身體像要炸裂一般，它準備和玉米稈一起爛在地裡了。

就在這時，老婆婆來了，一邊摘下它，一邊說：「這是今年最好的玉米，用它做種子，明年肯定能種出更棒的玉米！」

> 只要自己真有實力，就要耐得住寂寞，在遭受冷遇的時候，以平和的心態繼續努力，而不是怨天尤人，或因此垂頭喪氣、萎靡不振。

樵夫和火災

山裡住著一位以砍柴為生的樵夫，在他不斷的辛苦建造下，終於完成了一間可以遮風擋雨的房子。

有一天，他挑上砍好的木柴到城裡交貨，當他黃昏回家時，卻發現他的房子起火燃燒了。左鄰右舍都前來幫忙救火，但是因為傍晚的風勢過於強大，所以還是沒有辦法將火撲滅，一群人只能靜待一旁，眼睜睜地看著熾烈的火焰吞噬了整棟木屋。

當大火終於滅了的時候，只見這位樵夫手裡拿了一根棍子，跑進倒塌的屋裡不斷地翻找著。圍觀的鄰居以為他正在翻找著藏在屋裡的珍貴寶物，所以也都好奇地在一旁注視著他的舉動。過了半天，樵夫終於興奮地叫著：「我找到了！我找到了！」

鄰居紛紛向前，一探究竟，才發現樵夫手裡捧著的是一片斧頭，根本不是什麼值錢的寶物。只見樵夫興奮地將木棍嵌進斧頭，充滿自信地說：「只要有這柄斧頭，我就可以再建造一個更堅固耐用的家。」

> 成功的人不是從未曾被擊倒過的人，而是在被擊倒後，還能夠積極地馬上振作起來往成功之路不斷邁進的人。

死刑者的希望

古時候，有一個人因惹怒國王而被判了死刑，這個人向國王請求饒恕自己一命。他說：「只要給我一年的時間，我就能使您最心愛的馬飛上天空。如果過了一年，您的馬不能在天空自如飛翔的話，我甘願被處死刑，絕不會有半點怨言。」

國王想了想，答應了他。

另一位囚犯對他說：「你不要信口開河好不好，馬怎麼能飛上天空呢？」

「在這一年內，也許國王會死，也許我自己病死，說不定那匹馬出了意外送了命。」這個人回答說，「總之，誰知道會發生什麼事呢？所以只要有一年的時間，說不定馬真的能飛上天空！」

> 失去自由，只是失掉了活動的空間；但失去勇氣，則一切都失掉了。

國王和他的四個王子

古老的阿拉比國坐落在大漠深處，多年的風沙肆虐，使城堡變得滿目瘡痍。國王對四個王子說，他打算將國都遷往美麗而富饒的卡倫。

卡倫距這裡很遠很遠，要翻過許多崇山峻嶺，要穿過草原、沼澤，還要涉過很多的江河；但究竟有多遠，沒有人知道。於是，國王決定讓四個兒子分頭前往探路。

大王子搭車走了七天，翻過三座大山，來到一望無際的草原。一問當地人，得知過了草原，還要越過沼澤、大河、雪山……便掉轉馬頭往回走。

二王子策馬穿過了一片沼澤後，被那條寬闊的大河擋了回來。

三王子渡過了兩條大河，卻被又一片遼闊的大漠嚇退。

一個月後，三個王子陸續返回，將各自沿途所見向國王稟報，並都再三強調，他們在路上問過很多人，都告訴他們去卡倫的路很遠很遠。

又過了五天，小王子風塵僕僕地回來了，他興奮地告訴父親到卡倫所需的時間與路程。

國王滿意地笑了：「孩子，你說得很對，其實我早就去過卡倫。」

幾個王子不解地望著國王：「那為什麼還要派我們去探路？」

國王一臉鄭重道：「那是因為我只想告訴你們四個字：腳比路長。」

在實現人生理想的過程中，不怕目標的高遠、任務的艱巨，只怕缺乏追尋的勇氣、熱情和執著的精神。只要願意努力，就能夠實現自己的理想。

一只遺失的金錶

一個農場主人在巡視穀倉時不慎將一支名貴的金錶遺失在穀倉裡。他遍尋不獲，便在農場門口貼了一張告示，要人們幫忙，懸賞一百美元。

人們面對重賞的誘惑，無不賣力地四處翻找，無奈穀倉內穀粒成山，還有成捆成捆的稻草，要想在其中尋找一塊金錶如同大海撈針。

人們忙到太陽下山，仍沒有找到金錶，他們不是抱怨金錶太小，就是抱怨穀倉太大、稻草太多，他們一個個放棄了一百美元的誘惑。

只有一個穿著破衣的小孩在眾人離開之後仍不死心，努力尋找，他已整整一天沒吃飯，希望在天黑之前找到金錶，解決一家人的吃飯困難。

天越來越黑，小孩在穀倉內堅持尋找，突然他發現一切靜下來後，有一個奇特的聲音「滴答、滴答」不停地響著。

小孩頓時停止尋找。穀倉內更加安靜，滴答聲響十分清晰。小孩循聲找到了金錶，最終得到了一百美元。

> 只要執著地去追尋，專注而冷靜地思考，我們就會實現自己的理想。

在冰上偷懶的驢

一頭可憐的驢子幹了一整天的活，都沒有休息。

「趕路的人拼命使喚我，」老實的驢子想，「哎，反抗不了他的棍子呀！」驢子繼續馱著貨物。

黑夜降臨，驢子覺得自己連回家的力氣都沒有了。正是隆冬季節，非常冷，所有的道路都結了冰。「我就待在這兒，」驢子倒在地上說，「我一點力氣也沒有了！」

一隻麻雀從這兒經過，牠跳到驢子的耳朵上說：「驢子，你睜開眼睛瞧瞧，你躺的地方不是道路，是冰湖。千萬小心啊！」

驢子睏得要死，覺得自己累得要命。牠打了一個帶響的大哈欠，一下子就睡著了。

「哼，蠢驢！」麻雀大聲地說。

驢身上的熱量一點一點地暖開了冰，突然，啍嚓一聲響，冰裂開了。可憐的驢子驚醒了，可是，牠已經掉進冰水裡。因為無法逃脫，驢子最後淹死了。

在困難中，要努力堅持，千萬不能不顧時間和地點輕易做出停止或鬆懈的決定；否則，就可能遭遇更大的困境。

遇險的登山者

有這樣一位一心一意，想要登上世界第一高峰的登山者，在經過多年的準備之後，他開始了他的旅程。但是他希望完全由自己獨得全部的榮耀，所以他決定獨自出發。

他開始向上攀爬，但是時間已經開始變得有些晚了，然而，他非但沒有停下來準備他露營的帳篷，反而繼續向上攀登，直到四周變得非常黑暗。

山上的夜晚顯得格外的黑暗，這位登山者什麼都看不見。到處都是黑漆漆的一片，因為月亮和星星又剛好被雲層給遮住了。即使如此，這位登山者仍然繼續不斷地向上攀爬著。就在離山頂只剩下幾公尺的地方，他滑倒了，並且高速地跌了下去。

跌落的過程中，他僅僅能看見一些黑色的陰影，以及一種因為被地心引力吸住而快速向下墜落的恐怖感覺。

他不斷地下墜著，而在這極其恐怖的時刻裡，他的一生，不論好與壞，也一幕幕地顯現在他的腦海中。當他一心一意地想著，此刻死亡是正在如何快速地接近他的時候，突然間，他感到繫在腰間的繩子，重重地拉住了他。

他整個人被吊在半空中，而那根繩子是唯一拉住他的東西。在這種上不著天，下不著地，求助無門的境況中，他一點辦法也沒有，只好大聲呼叫：「上帝啊！救救我！」

突然間，從天上有個低沉的聲音回答他說：「你要我做什麼？」

「上帝！救救我！」

「你真的相信我可以救你嗎？」

「我當然相信！」

「那就把繫在你腰間的繩子割斷。」

在短暫的寂靜之後：登山者決定繼續全力抓住那根救命的繩子。

搜救隊在第二天發現了一個凍得僵硬的登山者遺體——他的屍體掛在一根繩子上。他的手也緊緊地抓著那根繩子——在距離地面僅僅三、四米的地方……

局面越是棘手，越要努力嘗試。當然，嘗試也要講究方法和策略，不能一味固執己見，要靈活應對。

落入坑洞的獵人

一群人到山上去打獵，有一位獵人不小心掉進很深的坑洞裡，他的右手和雙腳都摔斷了，只剩一隻健全的左手。

坑洞非常深，又很陡峭，地面上的人束手無策，只能在地面喊叫。

幸好，坑洞的壁上長了一些草，那個獵人就用左手撐住洞壁，以嘴巴咬草，慢慢地往上攀爬。

地面上的人就著微光，還是看不清洞裡，只能大聲為他加油。等到看清他身處險境，嘴巴咬著小草攀爬，忍不住議論起來：

「哎呀！像他這樣一定爬不上來了！」

「情況真糟，他的手腳都斷了呢！」

「對呀！那些小草根本不可能撐住他的身體。」

「真可惜！他如果摔下去死了，留下龐大的家產就無緣享用了。」

「他的老母親和妻子可怎麼辦才好！」

落入坑洞的獵人實在忍無可忍了，他大叫：「你們都給我閉嘴！」

就在他張口的剎那，他再度落入坑洞。

當他摔到洞底即將死去之前，他聽到洞口的人異口同聲地說：「我就說嘛！用嘴爬坑洞，是絕對不可能成功的！」

> 在自己面對困境和難關時，不要在意別人的無聊議論，要集中精力，積極尋求突破的辦法。

四個非常要好的朋友

很久以前，有四個非常要好的朋友一起揚帆到大海上捕魚。他們的名字分別是：雄心、懷疑、害怕和失敗。

當他們的船駛到大海中央的時候，狂風驟起。船帆、發動機、船槳以及所有的釣魚工具都慘遭這場大風的襲擊，殘破不堪。

懷疑、害怕和失敗什麼都不做，只是傻傻地等待死神的到來；但是雄心卻能感覺出生還的希望。他將一個釣鉤繫在一根很長的繩子上，然後將其丟在水中。你看！他還真感覺到繩子的另一端鉤住了一個很重的東西。

令人吃驚的是，當他拉回繩子的時候，繩子的另一端竟然鉤著一個古代的油燈。

雄心將這盞油燈擦拭乾淨，更使他驚訝的是，油燈裡面出現了一個魔鬼。

「謝謝你，謝謝你，」魔鬼大聲說道，「為了報答你們的釋放之恩，我願意讓你們每個人實現一個願望。」

魔鬼轉向懷疑，詢問他的願望。

懷疑答道：「我不認為在這兒有什麼好辦法，我希望能夠待在溫暖舒適的家裡。」

「嗖」的一聲，他的願望實現了。

隨後魔鬼轉向害怕。

害怕說：「我害怕這裡會發生一些事情，我希望能夠回到安全的家裡。」

同樣「嗖」的一聲，他的願望也實現了。

魔鬼又開始詢問失敗的願望。

「早在我們出發之前，我就知道我們不會成功的，把我送回家吧，我以後再也不航海了。」

失敗剛一說完，「嗖」的一聲，他的願望也實現了。

最後，魔鬼又去徵求雄心的願望。

雄心悲歎：「我原本以為我們可以克服這些困難的，可是現在，只剩下我一個人孤零零地留在這裡。我希望我的好朋友們現在和我在一起。」

「嗖」的一聲響起，他的願望也實現了！

面對困難的時候，我們本來是可以勇往直前、披荊斬棘的；但是，往往是因為我們的懷疑和害怕，才招致了失敗。從心理上堅強起來，你就強大了。

走過河流的泥人

某一天，上帝下旨說，如果哪個泥人能夠走過他指定的河流，他就會賜給這個泥人一顆永不消逝金子般的心。這道旨意下達之後，泥人們久久都沒有回應。不知道過了多久，終於有一個小泥人站了出來，說他想過河。

「泥人怎麼可能過河呢？你不要做夢了。」

「你知道身體一點一點失去時的感覺嗎？」

「你將會成為魚蝦的美味，連一根頭髮都不會留下……」

然而，這個小泥人決意要過河。他不想一輩子做這麼個小泥人。他想擁有自己的天堂。但是，他也知道，要到天堂，得先過地獄。而他的地獄，就是他將要去經歷的河流。

小泥人來到了河邊。猶豫了片刻，他的雙腳踏進了水中。一種撕心裂肺的痛楚頓時覆蓋了他。他感到自己的腳在飛快地溶化著，每一分每一秒都在遠離自己的身體。

「快回去吧，不然你會毀滅的！」河水咆哮著說。

小泥人沒有回答，只是沉默著往前挪動，一步，一步。這一刻，他忽然明白，他的選擇使他連後悔的資格都不具備了。如果倒退上岸，他就是一個殘缺的泥人；在水中遲疑，只能夠加快自己的毀滅。而上帝給他的承諾，則比死亡還要遙遠。

小泥人孤獨而倔強地走著。這條河真寬啊，彷彿耗盡一生也走不到盡頭似的。小泥人向對岸望去，看見了美麗的鮮花、碧綠的草地和快樂地飛翔著的小鳥。也許那就是天堂的生活。可是他付出一切也無法抵達。上帝沒有賜給他出生在天堂當花草的機會，也沒有賜給他一雙當小鳥的翅膀。但是，這能夠埋怨上帝嗎？上帝只是允許他去做泥人的，是他自己放棄了安穩的生活。

小泥人以一種幾乎不可能的方式向前挪動著，一點一點……魚蝦貪婪地啄著他的身體，鬆軟的泥沙使他每一瞬間都搖搖欲墜，有無數次他都被波浪嗆得幾乎窒息。

小泥人真想躺下來休息一會兒，可是他知道一旦躺下他就會永遠安眠，連痛苦的機會都會失去。他只能忍受，忍受，再忍受。奇妙的是，每當小泥人覺得自己就要死去的時候，總有什麼東西使他能夠堅持到下一刻。

不知道過了多久——簡直就到了讓小泥人絕望的時候，小泥人突然發現，自己居然爬上岸了。

他如釋重負，欣喜若狂，正想往草坪上走，又怕自己身上的泥土玷污了天堂的潔淨。他低下頭，開始打量自己，卻驚奇地發現，他已經什麼都沒有了——除了一顆金燦燦的心，而他的眼睛，正長在他的心上。

他什麼都明白了：天堂裡從來就沒有什麼幸運的事情。花草的種子先要穿越沉重黑暗的泥土，才得以在陽光下發芽微笑；小鳥要跌撞過，失去了無數根羽毛，才能夠錘煉出淩空的翅膀；就連上帝，也不過是曾經在地獄中走了最長的路，掙扎得最艱難的那個人。而作為一個小小的泥人，他只有以一種奇蹟般的勇氣和毅力，才能夠讓生命的激流掏清靈魂的濁物，然後，找到自己本來就有的那顆金質的心。

其實，每一個泥人都有一顆金質的心，我們每一個人都可能獲得自己的天堂。關鍵是你想不想去獲得，敢不敢去獲得，會不會去獲得，以及，怎樣去理解和認識這種獲得。

Trust Yourself

CHAPTER. 3

生命的意義，在於改變

Believe in yourself, create a miracle

動物看畫

從前有一個畫家，畫了一幅小小的非常漂亮的畫，他把這幅畫放在他從鏡子裡看得到的地方。他說：「這使距離增加了一倍，使畫變柔和了，它變得加倍地好看了。」

外面樹林裡的動物從畫家的家貓口中聽到了這個消息。這些動物平常對這隻家貓都非常欽佩，因為牠是那樣淵博，那樣溫文爾雅，那樣彬彬有禮，能夠給牠們講那麼多牠們以前不知道，以後也搞不清楚的事情。

牠們聽到這個消息非常激動，紛紛提出問題，想充分瞭解這是怎麼一回事。牠們問，一幅畫究竟是什麼東西？貓就加以解釋。

「這是一種非常漂亮的東西。」牠說，「絕妙的漂亮，驚人的漂亮，迷人的漂亮。哦，它簡直漂亮極了！」

這使牠們激動得幾乎發狂了。牠們說，不管怎樣都要看看這一幅畫。於是熊問道：「是什麼東西使它那麼漂亮呢？」

「正是它本身的模樣在鏡子裡的影像。」貓說。

這讓牠們充滿了欽佩，也讓牠們半信半疑，所以比以前更加激動了。於是母牛問道：「鏡子是個什麼東西？」

「鏡子是牆上的一個洞，」貓說，「你往洞裡一望，就會在那兒看見這幅畫，它具有想像不到的美，它是那麼精緻、可愛、微妙而又鼓舞人，使得你眼花繚亂，狂喜得幾乎要暈倒。」

驢子什麼話也沒講過，牠現在開始產生懷疑了，「以前從來沒有過像這樣漂亮的東西，很可能現在也沒有。」牠說，「當需要用一連串形容詞來歡呼一件漂亮東西的時候，那就值得懷疑了。」

顯而易見，這些懷疑正在對這些動物發生作用，因此貓生氣走開了。

這個話題因此被擱下了兩天，但在這同時好奇心又抬頭了，可以覺察的興趣又復活了。於是，這些動物攻擊這頭驢子，說牠沒有確鑿的證據，而僅僅是懷疑這幅畫不漂亮，因而破壞了本來可能成為牠們樂趣的事情。

驢子並沒有感到不安，牠泰然自若地說：「有一種方法可以證明是我對還是貓對。」牠要去看看那個洞，然後回來報告牠在那兒的發現。

這些動物感到了寬慰和高興，並要牠馬上就去——牠果然就去了。但牠不知道牠應該站在什麼地方看，因此，牠搞錯了，站在這幅畫和這面鏡子之間。結果是這幅畫並沒有在鏡子裡反映出來。

牠回到家裡說：「貓說的是謊話。那個洞子裡除了一頭驢子以外，什麼也沒有。

漂亮的東西連影子也看不見。那裡倒有一頭漂亮的、也是友好的驢子，但只有一頭驢子，再也沒有什麼了。」

獅子問：「你把牠看清楚了嗎？你是靠近牠看的嗎？」

「我把牠看得清清楚楚。我靠得那麼近，我與牠鼻子都快碰到鼻子了。」

「這件事很蹊蹺，」大象說，「我們都知道，貓以前總是說真話的。讓另外一個證人去試試吧。熊，你去看看那個洞，然後回來報告。」

因此，熊去了。當牠回來的時候，牠說：「貓和驢子兩個說的都是謊話；洞裡除了一隻熊以外，什麼也沒有。」

這些動物都大大地感到驚詫和迷惑不解。這時候每個動物都躍躍欲試，想直接瞭解一下真相。大象依次一個個地把牠們派了去。

首先是母牛。牠發現洞裡除了一頭母牛以外，什麼也沒有。

老虎發現那裡面除了一隻老虎以外，什麼也沒有。

大象發現那裡面除了一頭大象以外，什麼也沒有。

於是，這位獸中之王憤怒極了，牠說，如果牠不得不親自出馬去瞭解真相的話，牠一定會得到真相的。當牠回來的時候，牠把所有的臣民都罵做說謊的傢伙，並對貓在道德和智力上的盲目感到一陣壓抑不住的憤怒。

牠說，除了眼光近視的蠢貨外，隨便哪個都可以看見在那洞裡除了有一隻獅子以外，什麼也沒有。

> 觀察事物的時候，立場不正確，角度有偏差，就會產生錯誤的印象，得出錯誤的結論。因此，在指責別人的時候，首先要認真檢討一下自己是不是完全正確。

羽毛變成了母雞

一隻性格開朗的白母雞，高高地坐在棲木上，用嘴梳理著自己的羽毛，不小心弄掉了一根。牠跟同伴逗趣說：「我越是起勁地啄自己，就越顯得漂亮。」說完就睡著了。

靠牠最近的一隻母雞忍不住把這話傳給了鄰居：「喂，知道嗎？有隻白母雞為了愛漂亮，啄掉了自己的羽毛。我要是公雞，才瞧不起牠哩。」

這話又剛好讓樹上的貓頭鷹媽媽聽見了，牠扇扇翅膀說：「真不像話！有隻白母雞為了讓公雞把牠看個仔細，竟然把身上的羽毛全啄光了！」牠的嗓門好大好大，一直傳到鴿子籠那兒。

鴿子們一齊向下面的養雞場「咕咕」叫著：「有一隻白母雞，或許是兩隻吧，牠們啄光了身上所有的羽毛，僅僅是為了討公雞的歡心，這太不成體統了！不過，牠們已經受到了懲罰，發高燒死啦！」

養雞場裡的一隻睡眼惺松的大公雞立刻大呼大叫起來：「喔喔喔，喔喔喔，三隻母雞跟一隻公雞在愛情上發生了糾葛，結果都死啦！讓這醜事暴露在光天化日之下吧！」

於是，這個離奇的故事從一個雞屋傳到另一個雞屋，最後又傳回牠的發源地。不過，牠的內容已經變成了：「五隻母雞共同追求一隻公雞，但都失敗了。為了證明自己是最痛苦最癡情的，牠們爭先把自己身上的羽毛啄得精光。後來，彼此之間又發生了鬥毆流血事件，結果統統死了。」

白母雞當然不知道這個故事是因為牠啄落了一根羽毛而訛傳開的，就說：「活該牠們倒楣！我要盡力讓這個故事登上報紙，公佈於眾。」

故事果然在報上發表了，一根羽毛變成了五隻母雞。

說話辦事一定要有理有據，實事求是；千萬不要道聽塗說，誇大其詞；更不應該捕風捉影，甚至故意散播流言，混淆視聽。

天真的狼

有一家農民，居家偏僻，惡狼常在他家門外閒逛。牠垂涎從農民家出進的小牛犢、母羊、羊羔和大群的火雞。對狼來說，這可都是難得的美味佳餚。正當牠無從下手而煩躁的時候，聽到一個幼兒哭喊起來，母親馬上呵斥他，說要是再哭，就把他抓去餵狼。

狼聽到這話信以為真，一邊等待一邊慶幸自己的好運氣。

當母親使孩子平靜下來後又對孩子說：「下次別哭了，狼要是敢來，我們就打死牠。」

「這是搞什麼鬼？」狼聽了這話十分氣惱，叫起來，「一會兒這樣說，一會兒那樣講，把我當猴耍！總有一天，當這孩子長大到林子裡採果子時，再看我的！」

就在狼訴說牠的不平心情時，人們聽到動靜從屋裡湧出來，一條看家狗攔住了牠的退路，長矛和鐵叉一齊對準了牠。

有人問狼：「你在這兒叫嚷什麼？」狼把剛才的事情經過講了一遍。那位母親過來對牠說：「多謝啦，你還想吃我的兒子，你想，我真會把兒子送去填你的肚皮？」

話音剛落，大家一起把這倒楣的傢伙亂棍打死了。

一個農民把狼的頭割了下來，村長將狼頭掛在門上，並在旁邊貼上一句話：「狼大王，孩子哭鬧時，媽媽的責罵話是不可信的！」

> 不同的人在不同的場合說出的話可能有不同的目的和含義，要學會用自己的頭腦思考、分析和判斷，不要輕易地僅僅去從表面理解。

魚蝦和魚鷹

附近所有的池塘都被魚鷹所佔據，魚塘和水池是牠食宿的好地方，所以魚鷹的伙食一直很好。但隨著年事增高，精力衰退，原有的伙食水準難以為繼，每況愈下。這隻魚鷹老眼昏花看不清水底，又沒辦法羅網捕魚，只好經常得忍受饑餓的煎熬。

怎麼辦呢？饑餓所迫，萬般無奈之中牠想出了一個好計謀。魚鷹在池塘邊上看見一隻蝦，便對牠說：「我的好夥計，我有一個重要消息告訴大家：大禍將要降臨到你們頭上，一星期後這池塘的主人就要下網捕魚蝦了。」

蝦聞言急急忙忙向大家通報情況，一時間滿城風雨，一片驚慌。水族動物全跑了出來，聚在一起選派代表會見這隻水鳥。

「魚鷹大人，您這消息是從哪來的？您說的靠得住嗎？您有解救的辦法嗎？我們應該怎麼辦才好呢？」

「換個地方。」魚鷹不容置疑地答道。

「要怎麼換呢？」

「你們不用操心，我可以把你們逐個帶到我住處的附近，只有上帝才知道這條路，世界上沒有比這更隱蔽的地方了。這是一個自然生成的魚塘，一個歹毒的人類所不知道的去處。這個魚塘能使你們全體獲得新生。」

大家全都相信魚鷹的話，於是，池塘中的動物被一一帶到一塊人跡罕見的岩石底下，在這裡，魚鷹把牠們全都安置在一條狹長的水坑裡，那裡水淺見底，魚鷹要逮住牠們那真是唾手可得，隨心所欲。

當別人散佈一個消息的時候，一定要用自己的頭腦去分析判斷消息是不是可靠；當別人提出一個建議的時候，一定要考慮對方的立場和可能的目的。

四隻青蛙

浮在河邊的一根木頭上趴著四隻青蛙。突然衝來幾個浪頭，木頭順浪向下游慢慢漂去。青蛙們非常高興，因為這是牠們的首次航行。

沒多久，一隻青蛙說話了：「這根木頭實在神奇，它會運動，就像有生命一樣，真是前所未聞。」

第二隻青蛙說：「不，朋友，這根木頭跟別的木頭一樣，是不會運動的，運動的是河水，它流向大海，也帶動了我們和這根木頭。」

第三隻青蛙卻說：「木頭和河水都不會運動，運動的是我們的意念；沒有意念，一切運動都不復存在。」

三隻青蛙為究竟是什麼在運動爭辯起來，牠們越辯越熱鬧，嗓門也越來越大，但到底還是互不服氣。

於是牠們轉向第四隻青蛙，牠一直在細心聽著各方的言論，並未做聲，青蛙們請牠發表見解。

牠說：「你們都對，說得都沒錯。運動的既是木頭，也是河水，也是我們的意念。」

那三隻青蛙聽罷勃然大怒，因為誰都不想接受：自己的觀點不是完全正確，人家的觀點不是完全錯誤。

接下來怪事發生了：三隻青蛙同仇敵愾，一起使勁把第四隻青蛙推入了河中。

很多時候，幾乎所有的人都希望別人完全同意自己的觀點。因此，在發表與別人的觀點不同的見解的時候，我們一定要慎重，注意方式和時機。

鱉和天鵝

很久很久以前，有一個地方遇到了百年不遇的大旱災，土地旱得裂開了缺口，連湖水都蒸發乾了。

在這個湖中住著一隻鱉。湖水乾涸了以後，牠找不到吃的東西，便想到別處去找個能生存的地方。可是，牠爬行的速度太慢了，恐怕爬不了多遠就會飢餓又口渴地死去。

有一天，從遠處飛來一群天鵝，牠們圍繞著以前有湖水的地方飛來飛去。鱉見了，知道牠們是在尋找以前的湖，便歎了口氣說：「別找了，湖水早就乾了。」

天鵝們非常失望，只好商量再飛到別的地方，去找有水的地方。鱉聽了天鵝的話，心想：「天鵝飛得快，一定很快就能找到水，不如求牠們幫幫忙，把我也帶走。」於是，鱉就去求領頭的天鵝。

天鵝答應帶鱉一起走，但怎麼帶呢？天鵝想不出好辦法，只好輪流用嘴銜著牠向遠方飛去。

天鵝飛了好遠的路，一天，牠們經過一座城市的上空。鱉從來沒有到過這麼繁華的地方，牠問天鵝：「這是什麼地方，這麼漂亮？」

天鵝用嘴銜著鱉，無法回答。可是鱉很想知道這是什麼地方，便不停地問。天鵝被問煩了，便開口回答牠的話——結果，嘴剛一張開，鱉就掉到了地上摔死了。

說話是一種藝術，知道什麼時候保持緘默更是一種藝術。能少說或不說以及應少說或不說的時候，沉默實在是高明的選擇。

生病的富翁

過去，有一個富翁住在仰光。他的脾氣很壞。有一次他生了病，卻不願求醫看病。

後來，他的朋友請來一個大夫給他看病。

「哼，我才不吃他的藥呢，」富翁說道，「大夫說話聲太大啦。」

他的朋友又請了另外一個大夫給他看病。這個大夫說話溫文爾雅，可是富翁卻說：「不，我不要他看，他太寒酸了。」

他的朋友又請了第三個大夫為他看病。這個大夫衣冠楚楚，談吐文雅。

「把酬金拿去，」富翁不滿地說，「我不打算聽你的忠告。你看病太馬虎啦。」

富翁體溫顯著升高，病情惡化，就此臥床不起。他的朋友急得團團轉，不知該如何是好。

一天，一個從曼德勒來的大夫到仰光度假。富翁的好友得知，前去拜訪他。

「請你救救我的朋友，行嗎？」他懇切地說，「他的病很重，不過他的脾氣很暴躁，又諱疾忌醫。但也許會因為你舉止文雅，態度和藹可親的聽從你的勸告。」

年輕的大夫穿上最好的衣服，來看富翁。

「親愛的大伯，」他彬彬有禮地說，「您今天感覺好些了嗎？我相信您很快會痊癒的。」

大夫吩咐僕人拿些冰塊，將它敷在病人的額頭上。富翁頓時感覺到舒服多了。「您是否願意讓我開點藥給您吃？」大夫問。

富翁默默點頭。

年輕的大夫在藥中摻了一點蜜水。富翁報以微笑，慢慢地吞服下去了。

「呵，很甜。」他喝完藥深深地吐了一口氣，不一會兒，便安靜地進入夢鄉了。

富翁醒來後，感覺好多了，燒也退了。

其他的大夫問年輕的大夫，他是怎樣給這怪老頭治好病的。

年輕的大夫笑著說：「好話有時比藥更有用處。」

「良藥苦口利於病，忠言逆耳利於行。」但是，如果能使良藥不苦口、忠言不逆耳，豈不是更受別人歡迎，能取得更好的效果嗎！

極端自信的蹶叔

從前有個極端自信的人，名叫蹶叔。他從來不聽別人的忠告，老是事後懊悔。他的朋友勸他「不要在高地上種稻，在窪地裡種高粱」。他把勸告當做耳邊風，結果年年歉收。

當他走到朋友的窪地邊，看到金黃色的稻浪時，才懊悔莫及地說：「我為什麼不聽朋友的勸告呢？」

蹶叔也做生意，但總是別人販賣什麼貨物，他也販賣什麼貨物，因此，貨物總是賣不出去，結果做生意老是賠本，弄得十分窮困。他非常懊惱地說：「我為什麼不早些改變購貨的方法呢？」

後來蹶叔和一位朋友去航海，船開到接近大洋的時候，朋友對他說：「我們不能再前進了，前面是歸墟，水勢很險，過去了就難回來了。」

但蹶叔依舊把船開到了歸墟，一股漩流把船轉了過去，險些葬身海底。直到九年以後，一次強烈的大海風，才把他們坐的那艘船又吹了回來。

這時，蹶叔的頭髮和鬍子全白了，人也很衰老了。他神情懊喪地對朋友哀歎道：「這次航海幾乎老死在海外，我真該早聽你的勸告啊！」

只有認真聽取別人的忠告，善於吸取教訓，做一個虛心接受意見的人，才能避免許多懊悔及煩惱。

年輕的獵人和鹿

在朝鮮，幾個缺乏經驗的年輕獵人，在森林裡轉了好些天，仍然沒有找到野獸，看看天色將晚，便無精打采地搭蓋帳篷，躺下睡覺。半夜裡，一個獵人在睡夢中彷彿聽到遠處有輕微的響聲，於是就躡手躡腳地走出了帳篷，循聲而去，果然見到前面草叢中有一隻美麗的小鹿呆立不動。獵人高興極了，但這時他才突然發現，原來自己匆忙中忘了帶獵槍。回去拿吧，唯恐小鹿遠去；高聲呼喚同伴吧，又怕小鹿聽見驚走。

獵人突然想起自己和夥伴們都會說幾句中國話，靈機一動，立即用中國話大聲喊起來：「快來呀，這裡有一隻小鹿！」

話音未落，小鹿已逃得無影無蹤了。獵人懊喪地說：「唉，這隻鹿可真有學問，連中國話都聽得懂。」

為了掌握主動，在各種形式的競爭中立於不敗之地，不僅要「知己」，還要「知彼」。千萬不要把對手的水準估計得過低。

一頭驢

有個養馬的人，得到了一頭驢，就把這頭驢和馬飼養在一起。

馬該吃草料了，驢也學著馬的樣子，吃著草料；馬該散步了，驢也緊隨其後，慢慢散步；馬想奔跑了，驢也拼命地跑起來；馬要睡覺了，驢也挨著牠睡覺，簡直是形影不離。

養馬的人要用馬運送東西，驢也和馬一起運送東西。馬每日走多遠，驢也走多遠；馬歇息，驢也歇息。這頭驢覺得自己就是一匹駿馬，牠幻想著：「有朝一日，我也長得像馬那樣高壯、俊美，長長的尾巴，飄逸的鬃毛，啊，那該多好啊！」驢想到這裡，再看看自己，真有些洩氣，毛色灰溜溜的，個頭矮小，尾巴短短的。唉，什麼時候才能變成駿馬呢？

驢和馬在一起，處處學著馬的模樣，馬走百里路，牠不走九十九里；馬走千里路，牠也不落後，就這樣學著、練著，時間一長，還真怪，驢真的變了，牠的皮毛不再是灰溜溜的，就連叫聲，也有些像馬嘶了。

這頭驢越發的高興了，終日不停地與馬在一起，想早日變成真正的駿馬。不料，不久，牠的主人把牠賣給了一個養驢的人，而這個人家養了一大群驢。

想變馬的驢失去了學習的榜樣，整日和驢群生活在一起，別的驢幹什麼，牠也幹什麼：驢群吃草料，這頭驢也跟著吃；驢群開心跑著，牠也跟著，跑過來，跑過去；驢群走百里路，牠也走百里路；驢群行千里路，牠也行千里路；驢群扯著喉嚨大叫，牠也放開聲音大叫著……這頭驢再也不覺得自己像馬了，也不再幻想著要變成一匹駿馬了。

慢慢地，這頭驢那光澤的像馬一樣的皮毛，又變得灰溜溜了；牠叫起來，不再像馬嘶鳴，而完完全全是驢的聲音了。結果，這頭驢始終沒有再變成馬的模樣，直到死也沒有變。

俗話說：「鳥隨鸞鳳飛程遠，人伴賢良品德高。」為了成為一個傑出的人，一定要精心選擇朋友和夥伴，以形成良好的成長氛圍，避免遭受不良的影響。

和獅子交朋友的牛

七隻獅子和一頭牛決定做朋友。起初，獅子請牠們的新朋友吃飯。獅子們準備了一大堆鮮肉，牠們自己吃，也請牛吃。肉一點也不合牛的口味，可是牠儘量不讓獅子看出來。牠雖然不吃，卻不斷地向獅子道謝，說牠們款待得真好。

後來輪到牛請客了。七隻獅子在約定的一天到了牛那兒，牠們看見一大堆新鮮的草。獅子們非常驚奇。

「沒有肉？你不會只請我們吃草吧？」

牛膽小地說：「依我看來，草比肉好吃得多。我勸你們試試看。」

「我們可沒有一定要你吃肉，」獅子們說，「我們沒有對你說：『你吃』，可是你一定要我們吃草。要是你真想請客，就應該預備好吃的東西。沒有肉，算什麼筵席呢？」

「但是叫我去哪兒去找肉呢？」牛替自己辯護說。

這時候獅子們說：「這真是極端的無禮！請我們來吃飯，結果卻叫我們挨餓。要是別人像你這樣的話，我們早就把牠撕得粉碎了。可是你是我們的朋友，所以我們對你特別寬大。為了表示我們的仁慈，我們只吃掉你一條腿。」

牛知道跟牠們爭論是沒有用的，只得渾身顫抖地說：「你們待我真好。」獅子就咬掉可憐的牛的一條後腿，開始吃起來。

牛因為流血過多，倒在地上死掉了。於是獅子們決定：「反正這牛已經死了，我們把牠全吃光吧。」牠們就繼續大吃起來。有一隻狐狸正好走過。牠也想嚐嚐美味的肉，於是悄悄地走到近旁，叼著牛心，躲到樹背後去了。

七隻獅子把牛吃得連骨頭也不剩。牠們吃完了互相驚奇地問道：「這牛的心在哪兒？也許牠根本沒有心吧？」

這時候，狐狸從躲著的地方走出來，一邊舔著嘴唇一邊說：「你們錯了，可敬的先生們，牠是有心的，只是沒有頭腦。不然的話，牠也不會跟你們做朋友了。」

選擇朋友一定要謹慎，儘量追求志同道合；如果不慎與壞人為伍，終將身受其害。

蜘蛛

猴子要到未婚妻家裡做客，好心好意地請牠的好朋友蜘蛛西達一塊兒去。猴子很愛漂亮，出發之前，特地換上了兩隻又大又亮的鵪鶉眼睛。西達向來嫉妒心特別強烈。牠見猴子打扮得這麼好看，胸中的嫉妒之火不免又燃燒起來，決定找機會拆猴子的台。猴子的未婚妻見到兩位貴客，非常高興，馬上點火做飯。猴子正好坐在爐灶旁邊。蜘蛛趁大家不注意的時候，偷偷地往爐火裡扔了一把辣椒。頓時，辣味嗆得大家喉癢鼻酸，淚水直流。

因為猴子的假眼是剛換上的，所以感到特別疼，不由得用手揉了揉。這一下完蛋了，猴子的兩隻假眼全滑出來滾到了地上。猴子的未婚妻一見，馬上生起氣來，說猴子為人不誠實，弄虛作假，立刻就把婚約撕毀了。

當猴子瞭解到是蜘蛛西達搗的鬼時，氣得像瘋了一樣，猛衝過去，一腳把蜘蛛踩成了肉餅。

為人處世不能太勢利，但是對交往的朋友不可不有所選擇。在擇友的時候，有一點要注意的是：千萬不要和嫉妒心過強的人交朋友。

老實人和騙子

有兩個夥伴一同外出漫遊，想看看異國風土人情。這對夥伴，一個是正直樸實之人，另一個卻是騙子和馬屁精。他倆周遊了很多地方後，最後來到猴子國。

一隻自稱為猴王的猴子發現了他們，即命令猴子們將這兩個不速之客抓住，捆綁起來，並要他們招出來此地的目的。這隻猴王立即召集群猴，叫牠們分兩邊列好隊，中間放上牠自己的寶座，然後下令將這兩個俘虜帶上來。

兩個夥伴被帶到王座跟前。猴王便當著集合起來的猴群問兩個俘虜道：「我是誰？」善於說謊的馬屁精趕快上前搶著說：「你是國王。」那猴王又問：「那你看這兩邊站的又是誰？」騙子馬上答道：「啊，大王，這不是你的騎士嗎？這些是你的謀士，那邊站的都是你手下的首領和軍官，而那邊是王室的總管、元帥、宮廷司酒官、宮廷侍從以及王室其他文武百官。」

猴王一聽大喜，下令重賞這位馬屁精；儘管他說的都是胡編的鬼話，無非騙騙猴子們而已。

那位誠實的夥伴看到這一切，心裡暗自思量：「這個騙子真能胡編亂造，騙取了那麼大筆賞金。要是我說了老實話，將會受到怎樣的對待呢？」正想到這裡，猴王已命令把他帶上去了。

那猴王同樣問他：「現在你也對我說說，我是誰？這些站在我邊上的又是什麼人？」這個老實人說慣了實話。這時，他脫口而出說：「你是一隻猴子，你邊上站著的也跟你一樣，都是猴子。」

那猴王一聽大怒，命令猴子們上前狠狠地咬他，重重地懲罰了這個說真話的老實人。

生活中，善於諂媚奉承、花言巧語的人，往往受到重用，得到優遇；而樸實善良、忠誠正直的老實人卻常常受到冷落，遭到歧視。這不是要我們學會虛偽和欺騙，而是主張在與人交往的時候，要注意語言的技巧。

Trust Yourself

驕傲的鶇和黑莓

自從黑莓的枝條上掛滿黑亮亮的漿果，不講道理的鶇就用喙和爪子肆意地踐踏它的枝葉，可憐的黑莓真不知如何是好。

黑莓只能講道理。它對鶇類中最令人討厭的傢伙說：

「鶇，請您最起碼要給我留下葉子。我知道，我的黑漿果您非常喜歡，是您最願意吃的水果，可是，您應該尊重我的葉子。您不能毀了我的葉子，我還要靠它們遮陽光呢！另外，請您的爪子，別弄破我的嫩皮。」

鶇高傲地揚起小腦袋，根本不聽這些勸告。牠傲慢地說：「無禮的野黑莓，你趕快住嘴吧！難道你還不清楚，大自然使你結出漿果，就是專門供我享用的？我不想欺騙你，黑莓，你生下來就是讓我吃的，你還不知道！鄉巴佬，雜草！等冬天一到，你只配當柴燒！」

一聽這話，可憐的黑莓只能無聲地痛哭。

幾個月以後，實際上也沒有過多久，驕橫的鶇落入了人們設下的羅網。為了把俘虜關在籠子裡，人們砍了籬笆上的一些枝條，連同黑莓的枝條也砍了不少。

「噢，鶇，」黑莓這時說，「我們在這兒，我的枝條卻使你失去了自由！哎，你是怎樣踐踏過我的枝條啊！你看，我還沒有像你說的那樣當柴燒呢。在你看見我當柴燒之前，我卻看見你坐牢了。」

在你得勢的時候，不要欺侮弱者，「十年河東，十年河西。」人人都可能有走楣運的時候，如果你一貫趾高氣揚，不可一世，在你遭遇困境的時候，別人就會懷著幸災樂禍的心情看你的熱鬧。

漁夫和魚鷹

一個漁夫，有兩隻魚鷹，在一條江裡捕魚。這條江的兩邊都是高山，還有一個山頭，在江的中心突出來，好像從江裡昂起了一個巨大的青魚頭，大家給它取了個名字，叫青魚嘴。老一輩的人說，因為上游的江水，直對著它沖來，把山底下的泥土，全沖光了，山底下是空的，山腳邊就形成了一個很深很深的深水潭。江裡的大青魚，都躲在這個山底下的深水潭裡。

每天清晨，漁夫就把魚鷹放在船頭上，划起雙槳，撐船到青魚嘴下面的深水潭，唱起「嘎嗨嗨，嘎嗨嗨」的號子。魚鷹好像聽到了命令，就「撲通」、「撲通」地鑽進水裡去捉魚。漁夫又拿起長長的竹竿，在水面上啪啪地敲打著，跟在魚鷹的後面。

第一隻魚鷹鑽出水面來了。牠的名字叫「短尾巴」，嘴裡銜著一條很小的鯧條魚，把頭昂得高高的，向漁船游來。

漁夫高興極了，鯧條魚雖然小，但這是一個良好的開始，他趕快將長竹竿伸出去，把「短尾巴」拉上船，取下牠嘴上的鯧條魚，放進船艙裡，並且親熱地拍拍「短尾巴」的頭，說：「真是我的好『短尾巴』，又是你第一個捉魚上來。」「短尾巴」聽了主人的話，閃動著兩隻圓圓的小眼睛，十分得意地拍著翅膀。牠連連點著頭，嘎嘎地叫著，好像在說：「下一次，我要捉一條大魚上來給你。」然後就站在船頭曬起太陽來。

這時，漁夫又拿起長竹竿，在水面上敲打著，「嘎嗨嗨，嘎嗨嗨」地唱著。他在等另一隻名叫「長腳」的魚鷹。過了好長時間，「長腳」才忽地一下鑽出水面，用牠堅實的嘴巴，緊緊夾住了一條足有一斤多重的青魚，慢慢向漁船游過來，漁夫一看，忙把長竹竿伸向「長腳」，拉牠上船，取下嘴裡的青魚，更加親熱地拍拍牠的頭說：「捉吧，把更大的青魚捉上來吧。」「長腳」並沒有像「短尾巴」那樣，高興得嘎嘎地歡叫，也沒有站到船頭上去曬太陽，只把翅膀扇了幾下，又鑽進水裡捕魚去了。

每一次第一個給漁夫捉上魚來的，總是「短尾巴」魚鷹。實際上那些小鯧條魚，常在淺水裡游，不用鑽得很深，就能捉到。「短尾巴」捉到小鯧條魚後，就向主人嘎嘎叫上幾聲，好像在誇耀自己：「我又捉魚上來給你了，我做得不錯吧。」漁夫很喜歡「短尾巴」，覺得牠能幹，所以捉了魚，在給魚鷹餵食的時候，漁夫總會在「短尾巴」面前多丟上一條小鯧條魚。

有一天，漁夫又帶著魚鷹出發了。到了青魚嘴的深水潭，漁夫又唱起了響亮的捕魚號子，用長竹竿在江面上敲打著。兩隻魚鷹同時鑽進水裡去捉魚。第一個捉魚上來的，照例又是「短尾巴」，仍然是一條小小的鯧條魚。漁夫當然很高興，因為這又是一個好的開始呀。他又等待「長腳」把大青魚捉上來。但是，「長腳」上來時，嘴巴裡卻是空的，什麼也沒有。漁夫生氣了，揚起長竹竿，打了一個呼哨，警告說：「你偷懶，今天不捉一條大青魚上來給我，我就要你的命。」

「長腳」見主人生氣了，雖然很吃力，還是一聲不響地鑽進水裡去了。

過了一會兒，「短尾巴」又捉了一條鯧條魚，得意洋洋地浮出水面，向著漁船游了過來。漁夫趕快把牠從水裡拉到船上，取下牠嘴裡的魚。他正想向「短尾巴」說些什麼，見「長腳」也鑽出了水面，嘴上仍然什麼魚也沒有。漁夫更加生氣了，他拿起「短尾巴」剛剛捉上來的那條魚，塞進了「短尾巴」的嘴裡，把剛剛跳上船來的「長腳」，一竹竿撥到水裡。

「長腳」魚鷹在水面上游著，十分委屈地盯著自己的主人，因為牠的肚子已經很餓很餓了，從早上到現在，還沒有吃過一條小魚，也沒一粒米進肚。這怎麼有力氣去捉魚呢，而且牠正在……不允許牠再想下去了，因為主人的長竹竿已打到了牠的頭上，催牠捉魚的號子，唱得更響。「長腳」魚鷹把嘴巴閉得緊緊的，兩腳一用力，又鑽進水裡去了。

「長腳」再一次空著嘴巴鑽出了水面。牠那一身羽毛，全沾在身上了，幾乎無法在水面上浮游了。漁夫氣得什麼似的，他拿起竹竿，把「長腳」魚鷹狠狠打了一頓。「長腳」魚鷹跌落在船艙裡，掙扎著動彈不得了。

又過了一會兒，水面上漂起了一層淡紅色的血。漁夫好生奇怪，他向深水裡一看，見水面下有一個黑影子，慢慢浮上來，江水也開始動盪起來。「短尾巴」嚇得不得了，趕快跳上漁船；漁夫也害怕起來，把船划到青魚嘴的山腳下，等那個黑影子完全浮出水面，才看清是一條大青魚的背脊，魚鰭像一張灰色的小帆，大青魚橫衝直撞地游過來，弄得江水發出嘩嘩的聲音，嚇得那些鯧條魚躲進了水草裡，連在水裡捕魚吃的野鴨，也驚慌地叫著飛走了。

飛起的水浪，足有幾尺高。水花濺到了漁夫的身上，把他的衣服也打濕了。「短尾巴」嚇得躲進了船艙裡。大青魚游呀，翻滾呀，不知過了多少時候，牠好像感到筋疲力盡，再也游不動了，才把速度慢下來，最後翻了一個身，不動了。

大青魚死了，漁夫才把漁船划近大青魚身邊。他「啊」的一聲叫了起來，原來大青魚的眼睛被啄瞎了，眼睛旁邊和身上還有好些被啄過的洞。江水裡的血，就是從牠身上流出來的。漁夫明白了，什麼都明白了。他的手開始發抖，眼睛也變紅了，呆呆地看著大青魚，他又猛地撲進船艙，把「長腳」魚鷹抱了起來，撫摸著牠的羽毛。

俗話說：「路遙知馬力，日久見人心。」要真正地認識一個人、正確地評價一個人實在是太難了。

狹路相逢的挑擔人

有一家人，家中的老翁請來了一位貴客，並要把他留在家中吃午飯。一大早，老翁就吩咐自己的兒子前去集市上準備蔬菜果品。

但是，時間已經過去很久了，他的兒子卻仍未回來。

老翁心裡很著急，就到窗前去眺望。他看到在離家不遠的地方，他的兒子挑著菜擔，在一條水塍上與一個挑著貨擔子的人面對面站著，彼此都不肯相讓，就在那兒都站著不動。

老翁趕忙上前，好言相勸道：「老哥，我家中有客人，正等著這些東西做飯，請你往水田裡讓一讓，讓他過來，你老哥也就可以過去。這豈不是對兩個人都方便嗎？」

那個人說：「你讓我下水，他怎麼不下呢？」

老翁說：「他個子矮，下到水田裡怕擔子裡的東西被水浸壞了；你老哥個子比他高，下到水田裡不至於碰到水。正因為這個原因，所以請你讓一下。」

那個人說：「你的擔子裡不過是些蔬菜果品，即使浸濕了，將就著還可以吃；我的擔子裡挑著的可都是京廣貴貨，萬一沾了水，就一文不值了。我的擔子比你的貴重，怎麼能讓我讓道呢？」

老翁看到無法說服他，便挺身過去說：「來，來！那麼這麼辦吧，讓我老頭兒下到水田裡，你把貨擔子交給我，我把它頂在頭上，讓你空著身子從我兒子身旁過去，我再把貨擔子交給你，怎麼樣？」

說完，他立即脫下鞋襪。那個人見老翁這麼做，心裡過意不去，說：「既然您老人家這麼誠心勸說，我就下到水田裡，讓你把擔子挑過去。」說完立即下到水田裡讓路。這老翁就只這麼讓了一讓，就化解了一場爭執。

俗話說：「退一步海闊天空。」當自己的利益和別人的利益發生衝突，友誼和利益不可兼得時，為了避免衝突，維持更加和諧的人際關係，首先要考慮捨利取義，寧願自己吃一點虧。在不傷及自己利益的時候，更要對別人保持寬容的態度。

苦惱的婦女和巫醫

很久以前，在衣索比亞某鄉村，有一位婦女很為她丈夫煩惱，因為她的丈夫不再喜歡她了，而那個女人又很愛自己的丈夫，又不知道丈夫不喜歡她的原因。

於是，這個女人跑到當地一個巫醫那裡講述了她的苦惱。著急地問這個巫醫：「你能否給我一些魅力，讓我丈夫重新覺得我很可愛呢？」

巫醫想了一會兒回答道：「我能幫助妳，但在我告訴妳祕訣前，妳必須從活獅子身上拔下三根毛給我。」

「巫醫要獅子的毛做什麼呢？」女人雖然不明白其中的緣故，但為了自己婚姻的幸福，還是感謝了巫醫，並準備付諸行動。

她走到離家不遠的地方時，在一塊石頭上坐了下來。「我怎麼能摘下獅子身上的毛呢？」她想起確實有一頭獅子常常來村裡，可是牠那麼兇猛，吼叫聲那麼嚇人。她想了半天，終於想出了一個辦法。第二天早晨，她一大早就起床了，牽了隻小羊去那頭獅子經常來溜達的地方。

她焦急地等啊等啊，獅子終於出現了。她很快站起來，把小羊放在獅子經過的小道上，便回家了。以後每天早晨，她都會牽一隻小羊給獅子。

不久，這頭獅子便認識了她，因為她總在同一時間，同一地點放一隻溫馴的羊在牠經過的道上，以討牠的喜歡。她確實是一個溫柔、殷勤的女人。

不久，獅子一見到她便開始向她輕聲吼叫，大概是打招呼吧，還走近她，讓她摸摸牠的頭，拍拍牠的背。

每天，這個女人都會靜靜地站在那兒，輕輕地撫摸牠，獅子也樂意與她接觸。女人知道獅子已完全信任她了，於是，有一天，她細心地從獅子的鬃上拔了三根毛，並興奮地把牠拿到巫醫的住處。

巫醫驚奇地問她：「妳用什麼絕招弄到的？」

女人便講了她如何耐心地得到這三根獅毛的經過。

巫醫笑了起來，說：「現在我可以告訴妳，讓妳的丈夫重新覺得妳可愛的祕訣了，那就是：以妳馴服獅子的辦法去馴服妳的丈夫！」

巫醫的話真管用——後來，那女人的丈夫真的又和從前一樣喜歡這個曾經拔過獅子毛的女人了。

愛是人類最美的語言，愛能夠創造奇蹟。只有肯奉獻愛的人，才能得到真正的愛。夫妻間相處是這樣，在與別人相處時也是如此。

一個女人的三個心願

一個女人沿海邊垂頭喪氣地走著，忽見沙中有個瓶子。她拾起瓶子，拔開瓶塞，刷地出現了一大股濃煙。

一個妖怪在濃煙中對她說：「妳把我從牢獄中放出來了，為了報答妳，我可以讓妳的三個心願實現。不過妳得當心，對於妳許下的每一個心願，妳的男人都會得到相當於妳所得到的兩倍嗎？」

「為什麼呢？」女人問道，「那個無賴拋棄我投入了另一個女人的懷抱啊。」

「規則就是這麼定的。」妖怪答道。女人聳聳肩，於是向妖怪要一百萬美元。

電光一閃，在她的腳邊出現了一百萬美元。同一時刻，在一個遙遠的地方，她的那個反覆無常的丈夫低頭一看，腳邊有一堆錢是那個數目的兩倍。

「妳的第二個要求是什麼？」

「我想要世界上最珍貴的寶石項鍊。」又是電光一閃，女人的手裡出現了那件珍寶。而在那個遙遠的地方，她丈夫正在尋找珠寶商賣他剛到手的不義之財。

「妖怪，我丈夫果真得到兩百萬美元和比我還多的珠寶嗎？我希望什麼他都能得到相當於我的兩倍嗎？」

妖怪說這是千真萬確的事情。

「那好，妖怪，我已經準備好說出最後一個心願了，」女人說，「把我嚇個半死吧！」

在競爭日益激烈的現代社會，最好避開你死我活的拼搏而去追求雙贏。寧可兩敗俱傷，也不願自己的對手獲利，這不是很愚蠢嗎？

鷹王和鼴鼠

鷹王和鷹后從遙遠的地方飛到遠離人類的森林。牠們打算在密林深處定居下來，於是就挑選了一棵又高又大、枝繁葉茂的橡樹，在最高的一根樹枝上開始築巢，準備夏天在這兒孵養後代。

鼴鼠聽到這個消息後，大著膽子向鷹王提出警告：「這棵橡樹可不是安全的住所，牠的根幾乎爛光了，隨時都有倒掉的危險。你們最好不要在這兒築巢。」

嘿，這真是咄咄怪事！老鷹還需要鼴鼠來提醒？你們這些躲在洞裡的傢伙，難道能否認老鷹的眼睛是銳利的嗎？鼴鼠是什麼東西，竟然膽敢跑出來干涉鳥大王的事情？

鷹王根本瞧不起鼴鼠的勸告，立刻動手築巢，並且當天就把全家搬了進去。不久，鷹后孵出了一窩可愛的小傢伙。

一天早晨，正當太陽升起來的時候，外出打獵的鷹王帶著豐盛的早餐飛回家來。然而，那棵橡樹已經倒掉了，牠的鷹后和子女都已經摔死了。

看見眼前的情景，鷹王悲痛不已，牠放聲大哭道：「我多麼不幸啊！我把最好的忠告當成了耳邊風，所以，命運就對我給予這樣嚴厲的懲罰。我從來不曾料到，一隻鼴鼠的警告竟會是這樣準確，真是怪事！真是怪事！」

「輕視從下面來的忠告是愚蠢的，」謙恭的鼴鼠答道，「你想一想，我就在地底下打洞，和樹根十分接近，樹根是好是壞，有誰還會比我知道得更清楚的呢？」

不要小看任何普通人的作用，也不要忽視任何小人物的忠告。

Trust Yourself

駱駝和大漠中的旅客

在風沙彌漫的大沙漠，駱駝在四處尋找能避風休息的地方。

可是方圓幾里根本就不見人煙，牠差不多走了兩個小時，終於找到了一頂帳篷，可是，帳篷是別人的。

最初，駱駝哀求說：「好心人，我的頭都凍僵了，讓我把頭伸進來暖和暖和吧！」

這個人可憐牠，答應了。

過了一陣子，駱駝又說：「好心人，我的肩膀都凍麻了，讓我再進來一點吧！」

這個人可憐牠，又答應了。

接著，駱駝不斷地提出要求，想把整個身體都放進來。

這個好心人有點猶豫了。

一方面，他害怕駱駝粗大的鼻孔！另一方面，外面的風沙那麼大，他好像也需要這樣一位夥伴和他共同抵禦風寒和危險。

於是，他有些無可奈何地背轉身去，給駱駝騰出更多的位置。

等到駱駝完全恢復精神並且可以掌握帳篷控制權的時候，牠很不耐煩地說：「好心人，這頂帳篷如此狹小，以致連我轉身都很困難，你就給我出去吧！」

為人處世必須要掌握好分寸，千萬不要得寸進尺，以至喧賓奪主。否則，就容易碰壁。

奉獻的樹

有一棵深愛著一個男孩的樹。在男孩年紀還小的時候，吊在樹枝上盪鞦韆；上樹摘果子；在樹蔭下睡覺。那真是一段快樂無憂的日子，樹很喜歡那些時光。後來小男孩逐漸長大了，他跟樹在一起的時間愈來愈少。

「來啊！讓我們一起玩耍。」樹有一次說。

但年輕人一心只想賺錢。

「拿我的果子去賣吧。」樹說。

他果然那樣做了，賺了很多錢，樹很快樂。

年輕人很久沒有回來。

有一次他路過樹下，樹向他微笑說：「來啊！讓我們玩耍！」但這個中年人已經失去朝氣，只想遠離身邊的一切，去一個沒人認識他的地方。

「把我砍下來，拿我的樹幹去造一艘船，你就可以遠走高飛了。」樹說。

那人果然這麼做了，樹很快樂。

許多季節過去了——冬去春來，多風的日子和孤寂的晚上，樹在等待。最後，那人終於回來了，年老和疲憊使他無法再渴望玩耍、追逐財富或出海航行。

「朋友，我還有一個不錯的樹樁，你何不坐下來休息一會兒？」樹說。

他果然那樣做了，樹很快樂。

施捨比索取更容易得到滿足。如果想成為一個讓人尊敬的人，應該不是總想著自己得到了多少，也要問問自己這一生中施與了多少。

旅客和水

有一個人在沙漠行走了兩天。途中遇到暴風沙。一陣狂沙吹過之後，他已認不得正確的方向。正當快撐不住時，突然，他發現了一幢廢棄的小屋。

他拖著疲憊的身子走進了屋內。這是一間不通風的小屋子，裡面堆了一些枯朽的木材。他幾近絕望地走到屋角，卻意外地發現了一座抽水機。

他興奮地上前汲水，卻任憑他怎麼抽水，也抽不出半滴來。

他頹然坐地，卻看見抽水機旁，有一個用軟木塞，堵住瓶口的小瓶子，瓶上貼了一張泛黃的紙條，紙條上寫著：你必須用水灌入抽水機才能引水！不要忘了，在你離開前，請再將水裝滿！

他拔開瓶塞，發現瓶子裡，果然裝滿了水！

他的內心，此時開始交戰著：如果自私點，只要將瓶子裡的喝掉，他就不會渴死，就能活著走出這間屋子！如果照紙條做，把瓶子裡唯一的水，倒入抽水機內，萬一水一去不回，他就會渴死在這地方了——到底要不要冒險？

最後，他決定把瓶子裡唯一的水，全部灌入看起來破舊不堪的抽水機裡，以顫抖的手汲水，水真的大量湧了出來！

他將水喝足後，把瓶子裝滿水，用軟木塞封好，然後在原來那張紙條後面，再加他自己的話：相信我，真的有用。在取得之前，要先學會付出。

春天播種，秋天才能夠收穫；大膽投資，才能獲得利潤回報。在獲得之前，先要無私地付出。

趕夜路的雕刻師傅

很早以前，在一個偏遠山區的村落裡，住著一位小有名氣的雕刻師傅；因為這師傅的雕刻技巧不錯，所以附近一個村莊的寺廟，就邀請他去雕刻一尊「菩薩的像」。

可是，要到達那村莊，必須越過山頭與森林。偏偏這座山傳說「鬧鬼」，有些想越過山的人，若夜晚仍滯留在山區，就會被一個極為恐怖的女鬼殺死。因此，許多親人、朋友就力勸雕刻師傅，等隔日天亮時再啟程，免得遇到不測。

不過，師傅生怕太晚動身會誤了和別人約定的時辰，便感謝大家的好意而隻身赴約。他走啊走，天色逐漸暗淡，月亮、星星也都出來了。這師傅突然發現，前面有一個女子坐在路旁，草鞋也磨破了，似乎十分疲倦、狼狽。師傅於是探詢這女子，是否需要幫忙。當師傅得知該女子也要翻越山頭到鄰村去，就自告奮勇地揹她一程。

月夜中，師傅揹著她，走得汗流浹背後，停下來休息。此時，女子問師傅：「難道你不怕傳說中的女鬼嗎？為什麼不自己快點趕路，還要為了我而耽擱時辰？」

「我是想趕路呀！」師傅回答，「可是如果我把妳一個人留在山區，萬一妳碰到危險怎麼辦？我揹你走，雖然累，但至少有個照應，可以互相幫忙啊！」

在明亮的月色中，這師傅看到身旁有塊大木頭，就拿出隨身攜帶的鑿刀工具，看著這女子，一斧一刀地雕刻出「一尊人像」來。

「師傅啊，你在雕什麼啊？」

「我在雕刻菩薩的像啊！」師傅心情愉悅地說，「我覺得妳的容貌很慈祥，很像菩薩，所以就按照妳的容貌來雕刻一尊菩薩！」

坐在一旁的女子聽到這話，即哭得淚如雨下，因為她就是傳說中的「恐怖女鬼」。

多年前，她隻身帶著女兒翻越山頭時，遇上一群強盜，但她無力抵抗，除了被姦污外，女兒也被殺害；悲痛的她，縱身跳下山谷化為「厲鬼」，專在夜間取過路人性命。可是，這個「滿心仇恨」的女子，萬萬也沒想到竟會有人說她「容貌很慈祥、很像菩薩」！剎那間，這女子突然化為一道光芒，消失在山谷裡。

第二天，師傅到達鄰村後，大家都很驚訝他竟能在半夜中，活著越過山頭。而從那天後，再也沒有夜行人遇見傳說中的「女厲鬼」了。

真誠地接納別人，熱情地幫助別人，你的人際關係，必能溫暖且祥和；那些本來懷有惡意的人，也不會對你造成傷害。

長著兩個頭的鳥

過去，雪山上住著一隻很特別的鳥，牠的身體上同時長著兩個頭。

奇怪的是，一個頭經常能吃到香美甘甜的果子；另一個頭卻從來沒有嚐過美果的滋味，反而都吃到壞的、爛的果子。在一個暖風徐徐的晌午，鳥兒又飛向樹林覓食。

正當牠停下來要享用果子的時候，沒有嚐過美果的這個頭，生起了嫉妒心，嘀咕著：「真不公平，為什麼我總是吃不到好東西！既然這樣，今天不如吃個有毒的果子，以後你就再也不必吃了！」

另一個頭聽了，安慰道：「雖然我吃了好的果子，但最終我們都能一起吸收營養、同樣得到好的體力啊！」

儘管這番好言相勸，想不開的那個頭還是依然故我的吃下了那顆毒果，當然，結果就可想而知了。

> 因為嫉妒而害己害人的事件總是屢見不鮮，只要我們豁達一些，彼此都會得到利益，為什麼在與人交往的時候，那麼多人卻非要採取極端不理智的行為不可呢？

Trust Yourself

CHAPTER. 4

走別人走過的路，將迷失自己的腳印

Believe in yourself, create a miracle

一棵結果的香柏

從前，有一棵香柏，知道自己長得俊美。它剛好在院子中間，長得比其他植物都高；它的枝幹對稱工整，枝葉稀疏，看起來活像一個巨大的蠟臺。

「我要是結些果子，肯定比其他樹好看。」它想，「我肯定會是世界上最美麗的樹了。」於是，它開始觀察其他的樹，盡力照它們的樣子做。終於，在它筆直的樹頂上，長出了一個漂亮的果子。

「現在必須給它增加營養，」香柏對自己說，「必須讓它發育長大。」

果子開始生長，變大，以至於長得太大。香柏的頂端再也支持不住了，開始彎下腰來；當果子成熟時，樹梢——那是香柏最值得誇耀和引以為自豪的——彎得像折斷了的樹枝一樣，在風中搖搖擺擺。

「人無完人。」一個人的長處和短處常常是相伴而生的。一個聰明、成熟的人，應該是一個瞭解自己短處的人，而不會盲目地對自己的長處沾沾自喜。

美洲豹和閃電

「這是什麼野獸？」美洲豹看見閃電張開它的手指時，十分驚奇。牠漸漸走近閃電，但閃電好像一點也沒有發覺。「真是一頭蠢獸，真想一口把牠吃掉。」美洲豹想。隨後，牠又高聲吼叫：「喂，跟我比個高低吧！」閃電仍然沉默不語。

「我力大無比，武藝高強，誰敢在我面前撒野！」美洲豹吼叫得更響亮了。牠一會兒竄到樹上，一會兒跳到地下，顯出一副不可一世的樣子。

正在美洲豹驕肆狂妄、為所欲為時，閃電揮動火焰般的手指，霹靂一聲，捲起一陣旋風，接著是傾盆大雨。美洲豹急忙奔到一棵大樹底下躲避，閃電立即把樹推倒。牠又躲到一塊岩石下面，閃電又把岩石劈得粉碎。雷聲陣陣，電光閃閃，雷聲震聾了美洲豹的耳朵，閃電刺瞎了牠的眼睛，暴雨凍僵了牠的軀體，美洲豹被徹底征服了。

這時，閃電才對美洲豹說：「現在，你總該明白了吧！世界上不只是你力大無比。強中自有強中手，還有比你更偉大的強者！」

> 在生活中，不要目中無人，唯我獨尊，狂妄自大。要時刻記住：強中自有強中手，能人背後有能人。

熊和杉樹

「你什麼時候把我們帶到蜜的國土去？」一群小熊問一隻老熊。

老熊回答說：「很快就去——不過你們先要看看我是一隻什麼樣的熊。瞧那棵樹。別的熊只能爬到樹皮刮掉的地方，可是我卻能爬上樹梢。」

這麼說著，牠便爬上了那棵高大的杉樹。

爬到樹皮刮掉的地方很容易，但是牠再往上爬時，每爬一步，樹就搖晃一陣。而老熊仍堅持向上爬，用擦傷的爪子緊緊抓住搖晃的樹。

這樣，牠越爬越慢，也越爬越高。這時，忽然刮起了強烈的風，老熊把流血的爪子盡力抓進晃動著的樹幹裡。在風暴中牠總算撐了過來，但是失去了所有的力氣。最後，這老傢伙覺得生命正在逐漸地離開牠，牠呼喚下面哀嚎著的孩子：「我最偉大的行為就是死。現在我無法帶你們到蜜的國土去了，不過你們可以自己看看，去對全世界宣告，我是所有熊的英雄，我死在這棵樹上！」

> 不要不顧自己的實力，盲目追求過高、過大的目標；量力而行，才能更好地實現自我價值。

一片枯樹葉

一片枯樹葉隨風飄去，它正好在空中與一隻鳥並排飛著。「瞧，」樹葉沙沙地飛舞著，興奮地朝鳥喊道，「我能像你一樣地飛啦！」

「要是你真能飛的話，就請照我的樣子做。」鳥說著，突然轉過身子，展開強壯的翅膀，迎風飛去。樹葉馬上暈頭轉向地旋轉起來了，等到支持著它的風一停，它就落到了一條清澈見底的小河裡。

現在，樹葉又在浪花上航行了，它得意地對河裡的魚說：「瞧，我也能和你們一樣游泳了。」那些沉默寡言的魚，根本沒有理它。

這時，樹葉又趾高氣揚，自以為了不起了，它認為：「這些魚都是規規矩矩的生物，牠們沒有自己這麼會游泳，所以都不敢和它說話。」

樹葉繼續往下滑行，卻沒有注意到自己是怎樣漸漸漲胖了，又是怎樣全部腐爛的。

> 生活中，要正確認識自己的能力，既不妄自菲薄，也不要狂妄自大。即使偶爾得勢，也不要趾高氣揚，目中無人。

模仿老鷹的烏鴉

老鷹叼走了一隻綿羊。一隻烏鴉見了也立刻學起來。烏鴉儘管身單力薄，嘴卻特別饞。牠在羊群上空盤旋，盯上了羊群中最肥美的那隻。這是一隻可以用作祭祀的羊，天生是留給神享用的。烏鴉貪婪地注視著這隻羊，自言自語地說道：「我雖不知你是吃誰的奶長大的，但你的身體如此的豐腴，我只好選你做我的晚餐了。」說完後十分神氣的拍著翅膀就撲向這隻咩咩叫喚的肥羊。

綿羊可不是乳酪，烏鴉不僅沒把肥羊帶到天空，牠的爪子反而被羊蜷曲的長毛緊緊地纏住了，這個倒楣的傢伙脫身無術，只好等牧人趕過來逮住並投進籠子，成為了孩子手中的寵物。

做事必須量力而行。如果生搬硬套，不顧自己的實力，別人成功的方法卻可能會導致你的失敗。

追逐駱駝的豺

從前，有一隻駱駝，生了疥癬。牠癢得拼命地擦呀，磨呀，連皮底下血紅的嫩肉都露出來了。什麼辦法都試過了，就是治不好。最後，主人只好將這頭生病的牲畜牽到荒野裡放了。

駱駝孤獨地在荒無人煙的地方走著，被一隻豺看到了。這隻豺正潛伏在老鼠洞口外，守候著老鼠。這時牠想：「嘿，要是能將這隻駱駝弄到手，那老鼠對我來說還算得了什麼？」牠馬上跳了起來，尾隨駱駝追了上去。

豺太太警告豺說：「當心，你會讓這裡保証到手的老鼠溜走。你應該對這些小的獵物感到知足，因為當你去追逐大的獵物時，小東西便能安全地溜掉了。」

豺答道：「只有那些沒出息的人才會滿足於一些微小的小東西。我是生來就有崇高理想的，我絕不能放棄追捕這麼好的食物，而只為了逮老鼠，白白耽誤我的時光。為什麼我只該吃這些可憐的小老鼠呢！」

說著，牠立即去追趕駱駝。一直跟蹤了三、四天，駱駝並沒有像豺所指望的那樣累垮下來，豺自己卻瘦了很多。最後，牠只好又累又餓地回到家裡。

「哼！現在你自己瞧瞧，」豺太太說，「你的崇高理想究竟是什麼？你不滿足於本該歸你享用的食物，而白白去吃了那麼多的苦，受了那麼多的勞累。」

在生活中，最忌諱的是眼高手低，只想著做大事；如果連小事都做不好，更不用想做大事了。

頭腦簡單的卵石

一顆失落的鑽石躺在地上，碰巧被一個商人發現了。商人把鑽石賣給了國王，國王讓人把它鑲上金子，當做寶貝嵌在他的皇冠上面。

這個消息傳到卵石那裡，聽到後它十分興奮。想到自己也許能這樣平步青雲，頭腦簡單的卵石心裡真是歡喜。當它看見一個過路的農夫時，就把他攔住了。「喂，大哥！你上城裡去的時候，能否帶我一起去？我處在泥濘和霖雨之中痛苦極了。據說我們的鑽石名氣已經很大，它能夠享受榮華富貴，我實在不明白，這幾個夏天它一直跟我一塊兒躺在這裡；它跟我一樣，不過是塊石子罷了，它還是我的老朋友呢。你一定要把我帶去，他們一定會替我弄個好差使的。」

農夫把卵石放在車底上，他們就立刻出發到城裡去了。卵石在車子裡滾來滾去，它心裡想：「可以靠著我的朋友，靠著鑽石讓我也給鑲在皇冠上了。」

然而卵石的遭遇卻並不是它所指望的鴻運高照；它的確也用得其所，只不過是用來修補街道罷了。

不要盲目羨慕別人。你的實力和各種條件決定了你的前途，不要怨天尤人。

宇宙間最強大者的女兒

從前有一隻老鼠，十分驕傲自滿，因而牠拒絕從親戚和同類中尋找妻子。牠說，牠寧願沒有妻子，除非牠能夠贏得宇宙間最強大者的女兒青睞。

於是牠到了太陽——強中之強者那裡。牠要求太陽把它的女兒嫁給它。太陽說，牠應該到別的地方去找一個更強大的——那就是隱蔽和遮蓋大地的雲。它自己，太陽，無法穿過雲去照耀大地。

老鼠到了雲那裡，對雲說牠想向它的女兒求婚。但是雲告訴牠到別處去找，因為還有比雲更強者——那就是風。因為風一吹，雲就散了。「那麼，我就到它那裡去，」老鼠說，「你就留著你的女兒吧。」

牠到了風那裡對風說，雲告訴它，風才是最強大的，因為風所到之處摧毀一切。因此，牠想要風的女兒。風回答說：「你受騙了，你在這裡找不到妻子，因為還有一個比我更強大的——它使我發怒，然而穩穩當當地頂住我的強大力量。這個更強大者是一座高塔，它又高又牢，我怎麼也吹不倒它，晃不動它。」老鼠回答說：「那麼，我對你的女兒沒有興趣了。我必須要最高大者的女兒，所以我要去找塔。」

牠到了塔那裡，要娶塔的女兒。塔低頭看看它，對牠說：「你錯了。叫你到這裡來的人是在捉弄你，因為你會發現有一個比我更強大的，對牠我無法忍受。」

「那麼，是誰呢？」老鼠問。

「那就是——」塔回答，「老鼠，牠在我下面築了個窩。多麼堅硬的灰泥牠都能咬碎。牠在我下面挖掘，把我咬穿。沒有任何辦法擋得住牠。」

「什麼？哈！哈！」老鼠說，「這真是奇怪！老鼠是我的親戚。我想往上高攀——算了，我還得回到我自己的同類中去。」

「這就是你的命運，」塔回答說，「回家去吧，要學會不要再輕看你的同類。老鼠先生，除了一隻小老鼠外，你再也找不到更好的妻子了。」

> 一個人如果高估自己，輕視同伴，就很難和別人搞好關係。學會恰如其分地評價自己、懷有一顆平常心是非常重要的。

水泡

一場暴雨過後，池塘的水面上漂起了串串水泡。這些水泡在水面漂浮著，不斷地合成大的水泡。

其中一個大水泡在水裡悠悠地漂著，只見它向左一晃，吞併了身旁的一個小水泡；向右一晃，又吞併了一個。伴隨它一個個地吞噬同伴的同時，它的身體也一點點地膨脹著。這時，大水泡有些飄飄然了……

「哈哈哈，我太偉大了，我是世界之王！你們這些小不點兒都是我的臣民，如果誰敢冒犯我，我就將它吞噬……」

一個小水泡實在看不下去了，警告它說：「親愛的朋友，不要太霸道了。這樣下去你會把自己毀掉的！」

「什麼？你只是一個小不點兒，竟然還敢指責我！哈哈哈！」對小水泡的直言，大水泡感到很可笑。

「你竟然敢對我如此不敬，就讓其他水泡看看反抗我的下場吧，我要吃掉你……」說著，它開始向小水泡漂了過去。

然而，當大水泡挺著圓鼓鼓的肚子肆無忌憚地逼近小水泡，想要吞滅它的時候，大水泡卻因肚子撐得太大，「碰」的一聲漲破，猝然不見了。

> 一個無法正確認識自己、自視過高的人，常常會瞧不起同類，不經意間傷害別人，最終結果傷害的只能是他自己。

陷入泥坑裡的車

車夫把一輛滿載乾草的車子趕進了泥坑。因為這是在鄉下的田野上，一個叫布列塔尼的偏僻地方，沒有人來幫這個可憐人的忙。不過，這完全是命運之神有意安排的。陷入泥坑裡的車夫火冒三丈，罵不絕口。他罵泥坑、罵馬，又罵車子和自己。無奈之中，他只得向舉世無雙的大力神求救。

「赫拉克勒斯，」車夫懇求道，「請你幫幫忙，你的背能扛起天，把我的車從泥坑中推出來應該是舉手之勞。」

剛祈禱完，車夫就聽到神從雲端說話了：「神要人們自己先動腦筋、想辦法，爾後才給予幫助。你先看看，你的車困在泥坑裡究竟是什麼原因？為什麼會陷入泥坑？拿起鋤頭剷除每個車輪周圍的泥漿和爛泥，把礙事的石子都砸碎，把車轍填平。」過了一會兒，神問車夫：「你做完了嗎？」

「是的，做完了。」車夫說。

「那很好，我來幫助你。」大力神說，「拿起你的鞭子。」

「我拿起來了。咦，這是怎麼回事？我的車走得很輕鬆！大力神赫拉克勒斯，你真行！」

這時，神發話說：「你瞧，你的馬很輕鬆地就離開了泥坑！遇到困難，要立足於自己想辦法解決問題。自己動腦筋想辦法，老天也會助你一把的。」

「自力更生」的精神有助於一個人的成功。求人不如求己。遇到困難的時候，首先自己要多動腦筋，竭盡全力，實在不行了，再向別人求助。

一個貧窮的工人

從前，有一個貧窮的工人在幫農場主人工作。搬運東西時，他不小心打破了一個花瓶。農場主人看見後，要求他一定要賠償，但是三餐都成問題的工人，哪裡賠得起這麼昂貴的花瓶？苦惱的工人只好到教堂，向神父請教解決的辦法。

神父聽完工人的問題，他說：「聽說有一種能將碎花瓶黏好的技術，不如你去學習這種技術，只要能將這個花瓶修補、復原，事情不就解決了？」

工人聽完後卻搖了搖頭，說：「哪有這麼神奇的技術？要把這個碎花瓶黏得完好如初，根本是不可能的事。」

神父指引他說：「這樣吧！教堂後面有一個石壁，上帝就待在那裡，只要你對著石壁大聲說話，上帝便會答應你的要求，去吧！」

於是，工人來到壁前，大聲對著石壁說：「上帝，請您幫幫我，只要您願意幫助我，我相信，我一定能將花瓶黏好！」

工人的話一說完，上帝便立即回應他：「一定能將花瓶黏好！」

工人真的聽見了上帝的承諾，於是，他充滿自信地向神父辭別。

一年以後，經過認真學習與不懈努力，他終於學會了黏貼碎花瓶的技術。結果他將農場主人的花瓶復原得天衣無縫，令人讚歎！

這天，當他將花瓶送還給農場主人後，再次來到教堂，準備向上帝道謝，謝謝他給予的協助與祝福。

神父將他再次帶到教堂後面的石壁前，並笑著對誠懇的工人說：「其實，你不必感謝上帝。」

工人不解地看著神父：「為什麼不必感謝？要不是上帝，我根本無法學會修補花瓶的技術啊！」

神父笑著說：「其實，你真正要感謝的人，是你自己啊！因為，這裡根本就沒有上帝，這塊石壁具有回音的功能，當時你聽到的『上帝的聲音』，其實就是你自己的聲音啊！而你，就是你自己的上帝。」

> 你的未來掌握在你的手中，你能夠控制自己的命運，只要你充滿信心地去行動！相信自己，你就能夠創造奇蹟。

搬家

早春時節，一隻百靈鳥飛到嫩綠色的麥田裡築巢。

後來，小百靈們的羽毛慢慢地豐滿了，力氣也漸漸地長足了。有一天，麥田的主人見到已成熟的麥子，便說：「收割的時候到了，我一定要去請所有的鄰居來幫助收割。」

一隻小百靈鳥聽到這話後，便趕忙告訴她媽媽，並問該搬到什麼地方去住。百靈鳥說：「孩子，他並不是真的急切要收割，只是想請他的鄰居來幫他的忙。」

幾天過後，那主人又來了，看到麥子熟透得掉了下來，急切地說：「明天我自己帶上家裡的幫工和可能雇到的人來收割。」

百靈鳥聽到這些話後，便向小鳥們說：「現在我們該搬家了，因為主人這一次真的急起來了。他不再依賴鄰居，而要自己親自動手做了。」

有時我們的確需要別人的幫忙。但是，不能事事都依賴別人，下定決心，自己親自動手去做，才能真正把事情做好。

蚊子

一個夏夜，一隻蒼蠅被追得落荒而逃，躲藏在一個屋角。這時，一隻蚊子悠閒地從書房中晃了出來，落在這隻蠅子旁邊。

「我說，兄弟，幹嘛這麼氣喘吁吁的啊？」

「你沒見到，那人拿著把蒼蠅拍，剛才差點我就完蛋了，幸虧我跑得快啊。呼……」蒼蠅長長地呼了口氣。

剛飛來的蚊子不屑地瞄了牠一眼，說：「哼！我們為什麼要怕他們人類呢？」

「哎？」蒼蠅很吃驚地說，「難道你不怕他們？」

這隻蚊子擺擺前腿：「以前是害怕，不過現在我可不怕了。」

「怎麼回事？」

「你過來，我帶你看一樣好東西。」說完，這隻蚊子就將蒼蠅帶到了書房。

牠們落在桌子上一本打開的書上，原來是一本哲學書。

然後蚊子指著打開的書說：「看看吧，上面是怎麼寫的。」

蒼蠅盤旋了一會兒，說：「沒有什麼啊，只是有什麼什麼事物的聯繫啊。」

蚊子對蒼蠅說：「看看這裡是怎麼寫的。」

牠說道：「一隻蚊子在大洋的另一邊扇動翅膀，可能會引起美國氣候的改變。看到沒有，可以引起美國氣候的改變，以前我不知道自己有這個能力，沒想到我是這麼的厲害。現在我還怕什麼人類，我只要站得遠一點輕輕地扇一下我的翅膀，哈哈，他們就會被吹到九霄雲外……」

「可是，你以前吹走過人嗎？」蒼蠅打斷它的話。

「那是因為我以前不知道，也沒試過，沒有自信，現在我很有自信，讓我們去找個人下手，我要打敗人類，我們蚊子要統治世界。哈哈……」蚊子狂笑著。

這時，一隻壁虎出現了，然而蒼蠅看到了，牠飛起來，叫蚊子：「快逃跑啊，有壁虎！」

蚊子很傲慢地看了壁虎一眼，「哼！我要打敗人類，一隻小小壁虎能拿我怎麼樣？正好拿牠做試驗，看我怎麼把牠扇到世界的盡頭去！」

蚊子不但不飛走，反而扇動著翅膀非常自信地向壁虎飛去，壁虎張開嘴，舌頭一彈，蚊子不見了。蒼蠅歎了口氣，飛走了。

驕傲自滿的人遲早會吃虧。驕傲這個惡習帶給人們的傷害，往往要數倍於人們對於它的估計，這種傷害總是在我們猝不及防時悄然來臨。

鷹和雞

一個夏日的清晨，一隻老鷹在高空怡然自得地翱翔，牠先往閃光的地方飛行，接著又從雲層向下俯衝，落在低矮的雞棚上。這位「鳥中之王」，不知是為了給可憐的雞棚增光，還是在四周找不到合適的歇腳處，就索性在雞棚上飛來飛去，總是不離雞棚。

一隻雞看見了，便不服氣地對牠的同伴說：「老鷹憑什麼讓人尊敬呢？牠飛得那麼低，沒有什麼了不起，我也能飛，也能躲在雞棚上，一點也不費力。」牠還喋喋不休地嘮叨，鷹的腿短眼小，其貌不揚，和其他鳥兒一樣，又和雞飛得一樣低，今後可不要把牠看得太高貴了。

鷹聽見了雞的這番話，便說：「你說的只有一部分有道理：老鷹有時比雞還飛得低，但是雞卻永遠也無法飛向天際！」

當你比較自己和別人的時候，要儘量客觀些。如果可能，要儘量向別人學習，努力提高自己，趕上他們。

美麗的山雞

山雞天生美麗，渾身披著五顏六色的羽毛，在陽光的照耀下熠熠生輝，鮮豔奪目，叫人讚歎不已。山雞也很為這身華麗的羽毛而自豪，非常憐惜自己的美麗。牠在山間散步的時候，只要來到水邊，瞧見水中自己的影子，牠就會翩翩起舞，一邊跳舞，一邊驕傲地欣賞水中倒映出的自己那絕世無雙的舞姿。

魏武帝曹操當政的時候，有人從南方獻給他一隻山雞。曹操十分高興，召來了有名的樂工，為他奏啟動聽的曲子，好讓山雞跳舞歌唱。樂工賣力地又吹又打，可是山雞卻一點都不買帳，充耳不聞，既不唱也不跳。曹操的手下拿來美味的食物放在山雞面前，山雞連看都不看，依然無精打采地走來走去。就這樣，任憑大家想盡了辦法，使盡了手段，始終都沒辦法逗得山雞起舞。

曹操非常掃興，氣惱不已，斥責手下說：「你們這麼多人，連一隻山雞都對付不了，還怎麼做大事！」

曹操有一位十分鍾愛的小兒子，名叫曹沖，自幼聰明伶俐，又博覽群書、見識淵博。這時候，他動了動腦子，有了主意，於是就走上前對曹操說：「父王，兒臣聽說山雞一向為自己的羽毛感到驕傲，所以一見到水中有自己的倒影，就會跳起舞來欣賞自己的美麗。何不叫人搬一面大鏡子來放在山雞面前，這樣山雞顧影自憐，就會自動跳起舞來了。」

曹操聽了拍手稱妙，馬上叫人將宮中最大的鏡子抬過來，放在山雞面前。

山雞慢慢地踱步到了鏡子前面，一眼看到了自己無與倫比的身影，比在水中看到的還要清晰得多。牠先是拍打著翅膀對著鏡子裡的自己激動地鳴叫了半天，然後就扭動身體、舒展步伐，翩翩起舞了。

山雞迷人的舞姿讓曹操看呆了，連連擊掌，讚歎不已，也忘了叫人把鏡子抬走。可憐的山雞，對影自賞，不知疲倦，無休無止地在鏡子前拚命地又唱又跳。最後，牠終於耗盡了最後一點力氣，倒在地上死去了。

人性中的弱點有很多，過於愛慕虛榮就是其中之一。尤其是年輕人，千萬不能過於追求虛榮，為了「出風頭」而不考慮個人的實力，否則就會付出沉重的代價。

你是誰

有一天，上帝來到塵世，對地球上的居民進行智慧調查。
上帝問大象：「你是誰？」
大象回答說：「我是學識淵博的學者。」
上帝問袋鼠：「你是誰？」
袋鼠說：「我是全球聞名的拳王。」
上帝又問鳥：「你是誰？」
鳥回答道：「我是風。」
上帝最後問人：「你是誰？」
人回答道：「我是誰？這個問題我還真沒想過呢！」
上帝終於歎了口氣，說道：「唉——天地間，最難認識的是自己啊！」

所謂「不識廬山真面目，只緣身在此山中。」正確認識自己，是一件困難而有意義的事情，是成就事業的基礎。

罐子

國王的御櫥裡有兩個罐子，一個是陶製的，另一個是鐵製的。驕傲的鐵罐瞧不起陶罐，常常奚落它。

「你敢碰我嗎，陶罐子？」鐵罐傲慢地問。

「不敢，鐵罐兄弟。」謙虛的陶罐回答說。

「我就知道你不敢，儒弱的東西！」鐵罐說著，現出了更加輕蔑的神氣。

「我確實不敢碰你，但不能稱為儒弱。」陶罐爭辯說，「我們生來的任務就是盛東西，並不是來互相撞碰的。在完成任務方面，我不見得比你差。再說……」

「住嘴！」鐵罐憤怒地說，「你怎麼敢和我相提並論！你等著吧，過不了幾天，你就會破成碎片被消滅了，我卻永遠在這裡，什麼也不怕。」

「何必這樣說呢，」陶罐說，「我們還是和睦相處的好，吵什麼呢！」

「和你在一起我感到羞恥，你算什麼東西！」鐵罐說，「我們走著瞧吧，總有一天，我要把你碰成碎片！」

陶罐不再理會。

時間過去了，世界上發生了許多事情，王朝覆滅了，宮殿倒塌了，兩個罐子被遺落在荒涼的場地上。歷史在它們的上面積滿了渣滓和塵土，一個世紀連著一個世紀。

許多年代之後的某一天，人們來到這裡，掘開厚厚的堆積，發現了那個陶罐。

「啊，這裡頭有一個罐子！」一個人驚訝地說。

「真的，是一個陶罐！」其他的人都高興地叫了起來。

大家把陶罐捧起，把它身上的泥土刷掉，擦洗乾淨，和當年在御櫥的時候完全一樣，樸素，美觀，毫光可鑒。

「一個多美的陶罐！」一個人說，「小心點，千萬別把它弄破了，這是古代的東西，很有價值的。」

「謝謝你們！」陶罐興奮地說，「我的兄弟鐵罐就在我的旁邊，請你們也把它挖掘出來吧，它一定快悶死了。」

人們立即動手，翻來覆去，把土都掘遍了。但，一點鐵罐的影子也沒有。它，不知道什麼年代已經完全氧化，早就無蹤無影了。

不論自己長得美還是醜，也不論自己活得偉大還是渺小，都要欣賞自己！只有欣賞自己，才會尋找到自己的方向，才會發現自己的特長，生活因此也才會變得豐富多彩。

上帝的化身

一個命途多舛的人又一次遇上了危難，他四處求告，但是沒有一個人願意向他伸出援助之手，哪怕他提出微不足道的小小要求，都會遭到人們的斷然拒絕。

絕望之中，他暗暗祈求上帝：「上帝啊，也許只有你才能保佑我了！」

或是被他的誠意所感動，這天夜裡，上帝託了一個夢給他。

「孩子，我會保佑你的。」上帝撫摸著他的頭，輕聲對他說。

「既然保佑我，你明天就現身吧，讓我真實地看見你的存在，哪怕只讓我看見一分鐘！」他哀聲說道。

「好的，我明天一定現身。不過，我不會以我的真身出現，我會以一個化身出現。明天早晨起來，你看到的第一個人就是我。」

為了看見上帝，他第二天早早就起床了。

洗漱完畢，他到鏡子前梳頭。

他從那面鏡子裡看到了自己的影子，跟夢中的那個上帝還真有些相似。

「原來，上帝就是我，我就是上帝！」

從此以後，他獲得了自信。

自信改變了他的一切，運氣好轉了，人際關係也融洽了，一切都比過去順利多了。最讓他感到奇怪的是，當他臉上寫滿自信的時候，那些曾經拒絕過他的人也樂意幫助他了。

一個人在依賴他人時，無法感覺到自己是一個「完全的人」，只有當他可以絕對自立自強時，他才可以感覺到自己是一個無缺憾的人，才能感覺到一種光榮和滿足。

三個騙子

有個婆羅門教徒想弄一隻野獸作為祭品。他捕到一隻山羊。回家的路上，正巧被三個騙子看到了。騙子們私下說，「我們今天有羊肉吃了。」他們偷偷商量好一個圈套便散開，接著先後朝婆羅門教徒走去。

第一個騙子過去對這位婆羅門教徒說：「我的好人，你肩上背著的這條狗一定不錯，牠大概殺死了不少兇猛的野獸吧！」說完，他就走開了。

這個婆羅門教徒心想：「這混蛋說了什麼？難道我會將一條狗背在肩上！」

這時，第二個騙子也到了他面前，並招呼道：「喂！你這位教徒怎麼如此荒唐？你看，這神聖的祭繩、念珠、水缽、婆羅門教徒的額前聖點，而肩上卻揹著一條狗——這哪裡相配呢？這條狗肯定是捕殺兔子、羚羊和野豬的能手。」他說著也走過去了。

這位婆羅門教徒只好將這隻準備獻祭用的牲畜放在地上，想把事情重新弄弄清楚。等他仔細地摸了摸牲畜的耳朵、角、尾巴和身體其他部位後，暗自說：「這些傢伙真笨，他們竟會把這隻山羊當成一條狗！」

他重新將山羊扛到肩上，繼續往前趕路。此時，第三個騙子回頭對教徒嚷道：「離遠點，別挨著我們！靠邊走！你呀，只是看起來挺純潔，婆羅門教徒！你竟跟狗接觸，那肯定會變成一個獵人，並從此歸屬那種鄙劣的階層了。」他說著，便走開了。

這時，教徒不禁疑惑起來：「這是怎麼回事呀，他們三個人都這麼說？多數人的意見難道不對？世上常有弄錯的事。大概這的確不是山羊，而是一隻吃人的狗身鬼怪吧？牠會千變萬化呢！怎麼回事，難道牠又現出了狗身？」他一想到這裡，嚇得不敢再看一眼，擲下山羊，掉頭就跑。

那三個騙子便把山羊拖走吃掉了。

有人說：「假話被重複了多遍之後就成了真話。」當我們有充足的理由堅持自己信念的時候，不管別人怎麼說，不管多少人反對，都不要輕易放棄自己的觀點。

狗和狼

一個月光明朗的夜晚，饑餓的瘦狼遇到了養得肥肥的看家狗。狼很羨慕狗，想和牠交朋友。

「你看起來怎麼這麼壯實？」狼問，「你肯定比我吃得好多了。」

「如果你要吃我吃的東西，就得做我的工作。」狗說。

「什麼工作？」狼問。

「就是盡心盡職地給主人看家、防賊什麼的。」

「我可以試試嗎？」

狗一見狼願意跟自己一樣為主人效力，就領著狼匆匆向主人的房子跑去。牠們在一起跑的時候，狼看到狗脖子上有一圈明顯的傷疤。

「你的脖子是怎麼搞的？」

「是平時鐵鍊子套在脖子上勒的。」狗不經意地答道。

「鏈子？」狼吃驚了，「難道你平時不能自由自在地隨意走動？」

「不能完全隨我的意，」狗說，「主人怕我白天亂跑，因此把我拴起來。不過到了晚上，我還有一定的自由。重要的是我可以吃到主人吃不了的食物，主人非常地寵我……怎麼啦，你怎麼不走啦，你要到哪兒去？」狗一見狼正在離開牠，急切地喊。

「我要回到樹林裡去，」狼回頭說，「你吃你的美食去吧，我寧可吃得糟糕點，也不願意讓鏈子拴住脖子，失去了寶貴的自由。」狼說完一溜煙地跑了。

寄人籬下也許會能得到衣食方面的照顧，但卻使自己的自由和發展受到限制。自強自立的人，會依靠自己的雙腳前行，到自由自在的天空中去遨遊。

駱駝和豬

一隻駱駝說：「身材高是最好不過的，你看我是多麼高！」

一隻豬聽了牠的話說：「身材矮是最好不過的，你看我多麼矮！」

駱駝說：「好的，如果我說的話不是正確的，那麼把我的背峰割下送給你。」

豬說：「如果我說的話不是正確的，那麼把我的鼻子割下送給你。」

駱駝說：「贊成！」

豬說：「同意！」

牠們走到一所花園旁，花園的四周圍是矮牆，牆上毫無漏洞。駱駝站在牆的這邊，牠的長頸伸入牆內，把花園裡的植物吃了不少，牠的早餐就解決了。於是牠譏嘲地向豬說道：「現在你願意身材高或是矮？」

豬這時正站在牆角下，連花園裡的好景色也無法看見。

之後，牠們又走到了另一所花園，園的四周圍是高牆，開了幾個小矮門。

豬由小門裡進園去了；牠在園中儘情地把植物吃了一遍，然後走了出來，對駱駝笑道：「現在你以為身材矮好，還是高好？」

駱駝這時正站在園外，無法進去，因為園門太矮小，而牠的身子太高大。

於是牠們把這事想了一遍，決定，駱駝不必去峰，豬不必去鼻。牠們同聲說道：

「高有高的好處，矮有矮的好處。」

尺有所短，寸有所長。每個人都有自己獨特的長處和短處。因此，在生活中要擺正自己的位置，處理好和別人的關係，不要瞧不起自己，也不要瞧不起別人。

Trust Yourself

一頭馱著神像的驢

有一次，人們選了一頭驢，馱著神像穿城而過。一群群的人從四面八方趕來看遊行隊伍。他們站在街旁摩肩接踵，每個人都想擠到前面去。

驢子走過時，所有的人都鞠躬致敬，向神像祈禱。有些人伸手撫摩神像；還有些人在神像前方的路旁跪下。驢子就覺得自己是一頭很了不起的動物。

「真沒想到，這些人都對我如此畢恭畢敬，」牠想，「我不知道我怎樣這樣有威望。想想看，我竟一直照主人的吩咐辦事，叫我做什麼就做什麼。」

牠決定試試自己的力量。

「我真不想再往前走了，」牠想道，「我就在這裡站一會兒，讓人們讚美我。」於是牠就一步也不肯走了。

啪！牠的背上狠狠地挨了一下鞭子。

「走，」主人氣衝衝地吆喝著，「你竟敢這樣把遊行隊伍擋住？」

「在這美好的時候，」驢傲慢地說，「我不過想給這些好人一個瞻仰我的機會。」

主人大笑起來，一邊揪著驢的耳朵拉牠往前走。「人們對你不感興趣。他們是到這兒來看你馱的神像。走吧，不然我要發脾氣了。」

沒有真才實學，借別人的光贏得的榮譽不會持久。人要有自知之明，千萬不可妄自尊大。

小草

有一天，一個國王獨自到花園裡散步，使他萬分詫異的是，花園裡所有的花草樹木都枯萎了，園中一片荒涼。後來國王瞭解到，橡樹由於沒有松樹那麼高大挺拔，因此輕生厭世死了；松樹又因自己不能像葡萄那樣結許多果子，也死了；葡萄哀歎自己終日匍匐在架上，不能直立，不能像桃樹那樣開出美麗可愛的花朵，於是也死了；牽牛花也病倒了，因為它歎息自己沒有紫丁香那樣芬芳；其餘的植物也都垂頭喪氣，無精打采，只有一株細小的心安草在茂盛地生長。

國王問道：「小小的心安草啊，別的植物全都枯萎了，為什麼你這小草這麼勇敢樂觀，毫不沮喪呢？」

心安草回答說：「國王啊，我一點也不灰心失望。因為我知道，如果國王您想要一棵橡樹，或者一棵松樹、一叢葡萄、一株桃樹、一株牽牛花、一棵紫丁香等等，您就會叫園丁把它們種上，而我知道您希望於我的，就是要我安心地做小小的心安草。」

別人有別人的才幹，你有你的才幹。要學會接受現實的自己，安心享受自己的生活。

訴苦的孔雀

孔雀因為大家都愛聽黃鸝唱歌，而自己的歌聲則只會招致嘲笑而苦惱，就向上帝訴苦。

上帝對牠說：「我的孩子，別忘了，你的頂頸間有著如翡翠般熠熠生輝的羽毛，你的尾巴上有華麗的尾翼，所以你是很出色的。不要心存嫉妒。」

孔雀仍不滿足：「可是在唱歌這一項上有人超過了我，像我這樣唱，跟啞巴有什麼區別？」

上帝回答道：「命運之神已經公正地分給你們每樣東西：你擁有美麗，老鷹擁有力量，黃鸝能夠唱歌，喜鵲報喜，烏鴉報凶，這些鳥，牠們都很滿意我對牠們的賜予。」

得到上帝的答覆，孔雀終於滿意了，張開翅膀飛下天來。

自此以後，當牠想在人們面前展示自己的時候，就會亮出自己的羽毛。

如果上帝沒有及時為孔雀打開心結，恐怕孔雀仍然會為黃鸝的歌喉比自己動聽而悶悶不樂，而忽略了自己的美麗。其實牠的美麗，也是黃鸝所羨慕的。

有些想不開的人，在煩惱襲來時，總覺得自己是天底下最不幸的人，誰都比自己強。其實，事情並不完全是這樣，也許你在某方面是不幸的，但在其他方面依然是很幸運的。

女人和男人

有一個女人，她年輕漂亮，迷人極了。有兩個年輕男人，愛上了這同一個女人，幾乎同時向她求了婚。

兩位的求婚使她心滿意足：能夠挑選總是讓人高興的事。但是她左右為難，究竟選誰呢？於是她把他們兩人都叫過來，說：「我把你們倆都叫來是有原因的。你們都告訴我你們愛我，但我一直難以做出決定，你們都是很棒的男子漢……」

兩個男人分別傾身訴說愛意，山盟海誓。

「沒有人比我更愛妳。如果可能的話，我可以掏出心來讓妳看看。」

「不！最愛妳的人是我。為了妳，我心甘情願獻出生命！」

「你誇下海口獻出生命算什麼？如果你真的這麼想，那麼我們來場決鬥。如果你有勇氣……」

「正合我意。我們進行公平決鬥。除此之外，沒有其他辦法了。」

他們四目相對，似乎真要決鬥。女人擋到他們之間說：「你們別衝動，我不知道誰的愛更深，但決鬥畢竟太野蠻。我們生活在一個文明的社會裡，應該用更好的競爭方式，展示誰的能力更強。」

「同意，妳說怎麼辦？」他倆說。

「我要你們各自去做生意，我想看看從現在開始一年之後誰能賺取更大的利潤。別誤解我的意思，我可不是那種財迷心竅的女人。但是我覺得這是測試一個人在現代社會中能力強弱最好的方法。」

「很好！我們就以這種方式一決勝負。我相信我會贏。妳能發誓遵守決勝結果嗎？」她同意了，比賽規則也產生了。

兩個男人各自都著手認真研究最有利可圖的行業。他們訂下了計畫，開始廢寢忘食地工作。

一年期限到了，他們回到女人那裡，其中一位男人說：「我竭盡全力地工作，但是遭到一場始料不及的災難，所以我的生意很不盡如人意。我退出比賽。」

但另一位打斷了他的話：「我的生意很好，但是如果他沒有遭災，他也可能會贏。我這麼贏了心裡也不是滋味，我願將決鬥延後一年，那時會更公平些。」

這個建議合情合理，女人贊同，比賽繼續。接下來的一年中，兩個男人對自己的工作更認真，他們的生意都比以前好。

年底，他們又回到女人那裡，一個男人說：「我現在已在他之上，我似乎已贏了。但我並不為此感到高興，因為他去年對我太大度了。作為回報，我請求再延後一年。

與此同時，我們都要多賺些錢，無論誰贏了，對妳都更好。」

她又一次同意了。兩家企業規模仍在擴大，雖然偶有失誤，他們也能將損失控制在最小範圍，並能吸取教訓，完善未來規劃。

一年後，決定又一次推遲。以前他們只是在做夢，但現在他們開始理解什麼是真正的商界。從現在開始，這場競爭變得認真了。他們在前期瞎闖的基礎上繼續努力，目標明確奔向未來。他們熱情飽滿繼續競爭，並樂在其中。他們在發展企業擴大收益的過程中還找到了刺激和快樂。這使他們的生活更有價值，其他一切都無關緊要。

數年過去了，女人不再年輕了。她把兩個男人叫來，說：「我看到你們倆都獲得了極大的成功，這使我很高興。但是我怎樣呢？我們不是許下諾言了嗎？我要求你們快做決定。」

兩個男人耳語一番。

「是的，沒錯。曾經許諾過，我們現在的成功全要歸功於妳。無論如何明年我們得做出決定，但是條件顛倒過來吧，輸者娶妳為妻……」

> 隨著時間的發展，你自身的條件和身價也在不斷發生變化。在與人相處的時候，千萬不要忘了及時調整自己的思維，對自己做出準確的評判。

被拍賣的小提琴

曾經有過一場被視為破爛拍賣會的拍賣活動。拍賣商走到一把把看起來非常舊、非常破、樣子磨損得非常厲害的小提琴旁。拍賣商拿起小提琴，撥了一下琴弦，結果發出的聲音跑調了，難聽得要命。

他看著這把又舊又髒的小提琴，皺著眉頭、毫無熱情地開始出價，十美元，沒人接手。他把價格降到五美元，還是沒有反應。他繼續降價，一直降到一美元。他說：「一美元，只有一美元。我知道它值不了多少錢，可是只要花一美元就能把它拿走！」

就在這時，一位頭髮花白、留著長長白鬍子的老頭走到前面來，問他能否看看這把琴。他拿出手絹，把灰塵和髒痕從琴上擦去。他慢慢撥動著琴弦，一絲不苟地給每一根弦調音。然後他把這把破舊的小提琴放到下巴上，開始演奏。

從這把琴上奏出的音樂是現場許多人聽過最美的音樂。美妙的樂曲和旋律從這把破舊的小提琴上流淌出來。

拍賣商又問起價是多少。一個人說一百美元，另一個人說兩百美元，然後價格就一直上升，直到最後以一千美元成交。

一把破舊的小提琴，只要調準了音，就能夠彈出優美的樂曲，就有價值；人也像一把小提琴，你的心態好比琴弦，調整好了心態，才能充分發揮你的潛能。

蒼蠅和螞蟻

蒼蠅和螞蟻在爭辯誰最有價值。

「啊，天哪，這太過分了！你怎麼這麼不知好歹？」蒼蠅說道，「一隻卑賤的爬蟲，還要與我蒼蠅相比。我進出王宮、參加宴會是常事，殺牛祭祖，我總嚐在人先。而你這個瘦弱可憐的傢伙當時在哪裡呢？你隨便拖點什麼麵包渣之類的東西回家就能應付著吃上三天。再者，小東西，你來告訴我，你在皇帝、國王或者美人的頭上停留過嗎？我可使皮膚白皙的美女更加漂亮，她做美容的最後化妝，就是貼上一點蠅痣，使臉龐更加美麗迷人。所以，你不用嘮叨你的糧倉如何如何來煩我。」

「你到底是有完沒完？」螞蟻反駁道，「沒錯，你進出王宮，但大家都在罵你。你以為你搶先偷嚐獻給神的祭品就是有面子？你這是玷污供品，傳播病菌。你停在國王或美人頭上，這是事實；但我更清楚那可能使你莫名其妙地被打死，這就是對你這種令人厭惡行為的懲罰。

你還說你能當一種裝飾可以給人增添美感，這也是事實。你我皆為黑色，把那叫蠅痣也是可以的，但這能算一個值得標榜的話題嗎？你別再誇誇其談了，趕緊把這自命不凡的習氣改掉吧！當冬天到來之際，你就不會再有市場，你會挨餓、受凍、死亡。

而我呢，將安心地享受我的勞動果實，不用奔波，不遭風雨，無憂無慮地幸福生活。

我今天腳踏實地地勞作就是為了使我今後的日子幸福。要認清什麼是光榮，什麼是虛榮。哦，我浪費了不少時光，該幹活了。要知道，空話是無法裝滿我的糧倉和廚房的。」

想要獲得幸福的生活，必須要依靠自己的雙手，辛勤地去工作，努力地去創造；千萬不可投機取巧，追求依靠別人的寄生生活。

Trust Yourself

Trust Yourself

CHAPTER. 5

調整自己的行為，才能避免受到別人的傷害

Believe in yourself, create a miracle

賣弄的螢火蟲

靜悄悄的深夜，透過濃重的夜色，一點也不謹慎的螢火蟲點亮了顫抖的燈火，照亮了荒野。卑下的癩蛤蟆十分惱恨這光亮。牠垂涎三尺，死死盯住和瞄準，猛地一下咬住了螢火蟲。

「我到底做錯了什麼事，讓你這樣殘害我的生命？」垂死的螢火蟲痛苦的問道。

「不謹慎的小蟲，」醜惡的癩蛤蟆回答，「喜好賣弄的代價是昂貴的。如果你不閃光，我就不會往你臉上吐口水了！」

古人說：「木秀於林，風必摧之。」我們應保持謙卑的心態，不輕易炫耀自己的本領，否則，就容易遭受別人的忌妒甚至打擊。

豹王和獅子

很久以前，在豹王的草地上有許多的牛，平原上則養有一些羊，叢林中還有很多鹿。就在這時候，鄰近的森林中出生了一頭小獅子，達官顯貴們常常出於禮貌互相問好，互敬祝賀，於是豹王就召大臣狐狸進宮共商國事。

狐狸大臣可是個老謀深算、隨機應變的人物。

豹王對牠說：「你肯定很害怕我們的鄰居小獅子，可是牠的父親已經過世，牠又能成什麼氣候呢？我們還是發慈悲可憐可憐這不幸的孤兒吧！牠所遇到的麻煩已經夠多的了，牠還有什麼能力去征服別人？牠能保住牠所繼承的家業就該給神靈燒香了。」

但狐狸聽了這話，卻不以為然的搖了搖頭：「陛下，這種落難的孤兒一點也不值得我們去憐憫牠，趁牠牙口沒長全，爪子沒磨利還無法傷害我們之前，趕緊和牠拉關係，或者就派人把牠害死，這可是不能耽誤的大事啊！我曾觀察過小獅子的星相，明白牠將在格鬥廝殺中壯大成長，牠將是獅子中的佼佼者，一頭勇猛無比的獅子。」

可是狐狸的話白講了，豹王竟在牠勸說談話間打起了瞌睡，其他一些王公大臣們也都昏昏欲睡。就這樣，這頭小獅子在沒有任何威脅的情況下，長大成了一頭英俊瀟灑、有一頭鬃毛的大獅子。

後來，警報傳到了豹王的耳朵中，也傳遍了牠的領地。狐狸大臣被緊急召進王宮出謀獻策。只見狐狸歎了口氣，無可奈何的說：「事到如今，陛下幹麼要發這麼大的火氣呢？即便眾將相助也難以奏效，指望鄰國，則援軍多開銷大，牠們在吃我們的羊時才稱得上英雄。」

「要哄住獅子，因為就憑牠獨自的力量，已大大超過了我們的軍力。這頭獅子具備三個方面的優勢，就是力量、勇敢和謹慎。快獻上一隻羊放到牠的面前，如嫌不夠，再多獻上幾隻，外加一頭牛。挑出牧場最肥的牛羊，獻上一份厚禮，只有這樣，才有可能保住王國的生命財產免受侵害。」

狐狸大臣的建議最終沒有被採納。於是事態急轉直下，豹王的鄰國相繼淪陷，沒有一國能取勝，個個都家破送命。不管豹王如何力挽敗局，牠所害怕的局面成了現實，獅子最終坐上了王座。

在競爭日益激烈的現代社會，要麼把競爭對手扼殺在勢單力薄的發展之初，要麼和實力強大的對手結成合作的夥伴，千萬不能不顧自己的實力和對方去硬拼，否則就會吃虧。

沒有心的鹿

獅子生病了，睡在山洞裡。牠對與牠要好的狐狸說：「你若要我健康，使我能活下去，就請你用花言巧語把森林中最大的鹿騙到這裡來，我很想吃牠的血和心臟。」

狐狸走到樹林裡，看見在樹林裡玩耍的鹿，便向牠問好，並說道：「我告訴你一個好消息。你知道，國王獅子是我的鄰居，牠病得很厲害，快要死了。牠正在考慮，森林中誰能繼承牠的王位。牠說野豬愚蠢無知，熊懶惰無能，豹子暴躁兇惡，老虎驕傲自大，只有你才最適合當國王。你的身材魁梧，年輕力壯，角使蛇懼怕。我何必這麼囉嗦呢？你一定會成為國王。這消息是我第一個告訴你的，你將怎樣回報我呢？如果你信任我的話，我勸你快去為牠送終。」

經狐狸這麼一說，鹿被搞糊塗了，便走進了山洞裡，絲毫沒有想到會發生什麼別的事情。獅子猛然朝鹿撲過來，用爪子撕下了牠的耳朵。鹿拼命的逃回樹林裡……

狐狸辛辛苦苦白忙一場，牠兩手一拍，表示毫無辦法了。獅子忍著餓，嘆惜起來，十分懊喪。獅子請求狐狸再想想辦法，用狡計把鹿再騙來。狐狸說：「你吩咐我的事太難辦了，但我仍盡力去幫你辦。」

於是，牠像獵狗似的到處嗅，尋找鹿的腳印，心裡不斷盤算著壞主意。狐狸問牧人們是否見到一隻帶血的鹿，牠們告訴牠，鹿在樹林裡。這時，鹿正在樹林裡休息，狐狸毫不羞恥的來到牠的面前。

鹿一見狐狸，氣得毛都豎了起來，說：「壞東西，你休想再來騙我了！你再靠近，我就不讓你活下去。你去欺騙那些沒經驗的人，叫牠們做國王吧。」

狐狸說：「你怎麼這樣膽小怕事？你難道懷疑我，懷疑你的朋友嗎？獅子抓住你的耳朵，只是垂死的牠想要告訴你一點關於王位的忠告與指示罷了。你卻連那衰弱無力的手抓一抓都受不了。現在獅子對你非常生氣，要將王位傳給狼。那可是一個壞國王呀！快走吧，不要害怕。我向你發誓，獅子絕不會害你。我將來也會專門伺候你。」

狐狸再一次欺騙了可憐的鹿，並說服了牠。

鹿剛一進洞，就被獅子抓住飽餐了一頓。狐狸站在一旁看著，鹿的心臟掉下來時，牠偷偷地拿過來，把它當做自己辛苦的酬勞吃了。

獅子吃完後，仍在尋找鹿的那顆心。狐狸遠遠地站著說：「鹿真的沒有心，你不要再找了。牠自己兩次來到你家裡送給你吃，怎麼還會有心呢！」

> 也許初次和人打交道時吃虧很難避免。但是，在被騙一次之後，如果無法「經一事，長一智」，無法吸取教訓，再次上當受騙，就只能怪自己愚蠢了。

旅遊者和挑山貨的少女

勒斯里為了領略山間的野趣，一個人來到一片陌生的山林裡，左轉右轉迷失了方向。

正當他一籌莫展的時候，迎面走來了一個挑山貨的美麗少女。

少女嫣然一笑，問道：「先生是從景點那邊走迷失的吧？請跟我來吧，我帶你抄小路往山下趕，那裡有旅遊公司的汽車等著你。」

勒斯里跟著少女穿越叢林，陽光在林間映出千萬道漂亮的光柱，晶瑩的霧氣在光柱裡飄蕩著。正當他陶醉於這美妙的景致時，少女開口說話了：「先生，前面一點就是我們這裡的鬼谷，是這片山林中最危險的路段，一不小心就會摔進萬丈深淵。我們這裡的規矩是路過此地，一定要挑點或者扛點什麼東西。」

勒斯里驚問：「這麼危險的地方，再負重前行，那不是更危險嗎？」

少女笑了，解釋道：「只有你意識到危險了，才會更加集中精力，那樣反而會更安全。這裡發生過好幾起墜谷事件，都是迷路的遊客在毫無壓力的情況下一不小心摔下去的。我們每天都挑東西來來去去，卻從來沒人出事。」

勒斯里不禁冒出一身冷汗。沒有辦法，他只好接過少女遞過來的兩根沉重的木條，扛在肩上，小心翼翼的走過這段「鬼谷」路。

兩根沉重的木條，在危險面前竟成了人們的「護身符」。

危險固然可怕，但比危險更可怕的是人的麻痺大意；危險不一定製造災難，但人的疏忽往往是災難的根源。這正是「壓力效應」——推而廣之，人生中的很多時候，我們是不是也該在肩上壓上兩根「沉木條」，以它提醒我們保持鬥志與韌性呢？

豺狗和大象

豺狗們吃光了樹林裡所有的腐肉，現在沒有東西可吃了。

一條老豺狗想出了一個弄到食物的主意。牠來到大象那裡，說：「從前我們有個王，但是牠被慣壞了，命令我們去做些不可能的事情。因此我們決定另選一個王。我們的人派我來請你當我們的王。你跟我們在一起會過好日子的；你的命令我們會照辦的，我們會時時刻刻尊重你的。到我們的王國來吧。」

大象同意跟豺狗去。豺狗把牠帶進沼澤，大象陷進了爛泥裡。

豺狗對牠說，「命令我吧，你的任何命令我都將照辦。」

「我命令你把我從這裡拉出來。」大象說。

豺狗笑了。「用你的鼻子拉住我的尾巴，」牠說，「我立刻把你拉出來。」

「你以為你的尾巴能把我拉出來嗎？」大象問。

「如果不可能，你為什麼這樣命令我？」豺狗說，「我們之所以不要從前那個王，就是因為牠總對我們下辦不到的命令。」

大象死在了沼澤裡，豺狗們過來把牠吃光了。

當別人試圖以權、利等種種誘惑引誘我們的時候，一定要擦亮眼睛，查清對方的真實目的，以免誤入圈套，上當受騙。

Trust Yourself

得意忘形的獅子

獅子被眾獸擁為大王，有點得意忘形。牠高傲的說：「我誰也不怕！」

小野獸們不時的提醒獅子：「大王，人可是又聰明又狡猾，你千萬得小心點呀！」

獅子大王只撇撇嘴，很不以為然。

一天，獅子在路上遇到一個木匠，見他頭上頂著八塊木板。

獅子上前問：「你要去哪？」

木匠回答：「我去給豹蓋一間小木房。我們早約好了。」獅子一聽，心裡十分嫉妒豹子，立刻要求木匠先給牠建造一間小木房。木匠裝作無可奈何的樣子，答應了獅子，並開始為牠蓋房子。木匠比著獅子的身體，又是鋸，又是釘，很快把小房造好了。

獅子迫不及待的鑽進去。但屋門太窄，獅子只得蹲伏著爬進去，尾巴還露在外面。

獅子想退出來，木匠說：「且慢，讓我看看你的尾巴能不能也進屋。」

獅子聽從木匠的話，讓他把尾巴捲起來塞進木屋裡。木匠立刻合上木板門釘住。

> 無論什麼時候，都不要過高評價自我，得意忘形，放鬆警惕，否則就容易吃虧上當。

天生膽大的小鯉魚

一位漁翁在河岸有一個釣魚點，而在陡峭河岸下的水裡，則是一隻小鯉魚的家園。小鯉魚又機靈又狡黠，而且天生膽大，牠總是像陀螺似的繞著漁翁的釣鉤轉，並常常使得漁翁老是抱怨自己的運氣不好。

漁翁扔下釣鉤後目不轉睛的看著浮標，滿懷希望的等著魚兒上鉤。

「上鉤了！」他想，心怦怦跳，可是拉起漁竿只看到一個空鉤子在上面。狡猾的小鯉魚彷彿在嘲笑漁翁似的叼起誘餌就跑，輕易的就把釣魚人欺騙過去。

另一條鯉魚勸牠：「聽我說，小妹妹，妳這樣做實在是太危險了！難道水裡這個地方很小嗎？妳怎麼總是圍著釣鉤打轉？我天天為妳提心吊膽，擔心妳很快就會跟我們這條河永別了。要知道，妳越是接近釣鉤，便越是接近災難。今天妳平安無事，可是誰能保證明天？」

但是，糊塗的小鯉魚根本聽不進這些忠告。

牠滿不在乎的回答：「我又不是近視眼，不必害怕釣魚人的狡猾伎倆，我早就把這些伎倆看穿了。你看，扔下來一個釣鉤，又一個釣鉤！哈哈，你看著，看我怎樣哄騙那些狡猾的傢伙！」

小鯉魚說完像箭似的朝鈎鈎衝去，叼走了一個又一個誘餌，但在叼第三個時被鈎住了，終於遭到可怕的災難。

可憐的傢伙這時才明白：從一開始就應當避開危險。

「常在河邊走，難免會濕鞋。」為了確保自身的安全，一定要防微杜漸，時刻提醒自己儘量遠離一切可能的危險。

聰明的野兔

野兔和其他動物共同生活在一片草地上。一天，有消息說獵人明日要來狩獵。這個消息傳開後，所有的動物都聚集在一起，大家一起出主意、想辦法來對付獵人。除野兔外，其他動物都主張，一旦獵人追來就拼命逃跑。唯獨野兔建議在獵人追來時，每種動物輪流跑。但是，野兔的意見沒有得到支持。夜裡，野兔們自己商議，決定各自躲進一個灌木叢，以輪流跑的辦法來對付獵人。

第二天拂曉，獵人帶著獵狗來了，首先驚動了野兔。第一隻野兔拔腿就跑，獵狗和獵人在後面緊緊地追趕著。當野兔跑累了時，就按預定辦法一頭鑽進灌木叢，隨即第二隻野兔就從中竄出來，接著狂跑；第三個灌木叢中又蹦出第三隻野兔……獵人一見野兔就追，卻不知道每隔兩分鐘他所追逐的是另一隻兔子。

就這樣，野兔的車輪戰術弄得獵人和獵狗疲憊不堪，野兔度過了這一災難。其他動物因亂跑一通，有很多都落入了獵人之手。

僅僅知道逃跑和躲避是不夠的。在危急的時候，更需要智慧和合作的精神。

一個吝嗇的人和他的夥伴

一個吝嗇的人聚斂了許多錢財，但不知把它們存放在哪裡較好。為選擇保管錢財的事，他大傷腦筋。他覺得財富時刻在誘惑著他，假若把錢留在家裡，這筆錢一定會因使用而少下去，這就如同自己偷盜自己的錢財一樣。

這個吝嗇的人本應找個值得信賴的人為他管錢，但他卻更相信把錢埋在地裡保險，於是他挑了個朋友做助手，把錢都埋了起來。

過了些日子，他去看他的錢財，只見到一個空空的土坑。他知道一定是助手做的，於是馬上到朋友家對朋友說：「你趕緊準備一下，我還有一部分的錢，想把它們埋放在一起。」他的助手立刻將偷走的錢重新歸還原處，心想，等一下再一次把錢取走，錢可就更多了。吝嗇之人這一次可想清楚了，他將失而復得的錢財都存放在家裡，並決心要好好享用一番，既不埋藏，也不積蓄。而那個糊塗一時的助手盜賊，卻因再也找不到他放回的錢財而懊悔不已。

> 當你遭受損失的時候，不要驚慌失措或是徒然的抱怨，而是應該採取積極的措施，儘量挽回或彌補損失。

波斯商人和鄰居

一個波斯商人要到外地做生意。這一天，他把五十公斤的鐵寄存在隔壁鄰居家中。生意做成回家後，他向鄰居討要他的貨物：「我的鐵呢？」

「完了，您的鐵。我難過的告訴您，有隻老鼠把它統統吃完了。就因為這樣，我罵了手下的僕人。可是也不能全怪他們，因為倉庫裡難免都有鼠洞。」

商人被這番話弄得哭笑不得，但他還是不露聲色，裝出一副信以為真的樣子。過了幾天，他指使人偷偷綁架了這個黑心鄰居的兒子，然後他發出邀請，請孩子父親赴晚宴。

這位鄰居謝絕他的邀請後，哭喪著臉對商人說：「多謝您了，我現在哪還有胃口吃東西呀。唉！我兒子不見了，壞人把他拐跑了。我只有這一個兒子，愛他勝過愛我自己。我的命真苦啊。」

商人說：「昨天傍晚，在朦朧夜色之中，我看到一隻貓頭鷹把您的孩子抓跑了。這隻貓頭鷹抓著他朝一座舊房子飛去了。」

「這怎麼可能呢？一隻貓頭鷹能帶走這麼重的一個孩子嗎？要是說我的兒子捉住貓頭鷹那還差不多。」

「您不用問這是為什麼，」商人說，「但我要告訴您，我確實看到了，而且是親眼看到的。您想想，在我們這個地方，五十公斤鐵都能被一隻老鼠吃光，那麼貓頭鷹劫走一個重僅二十五公斤的孩子，這有什麼值得大驚小怪的呢？」

鄰居明白了商人話中的意思，就把鐵歸還給了商人，商人也把孩子交還給了他。

如果對方欺騙我們，我們也可以運用自己的智慧，採取針鋒相對的策略，以其人之道，還治其人之身，以保護自己的基本權益免遭不必要的損失。

美麗的斑豹

一隻小猴子爬上牠母親坐著的樹枝上，叫道：「媽，我剛看到了最漂亮的母獅！」牠的母親從樹上往下面的空地望去。

牠說：「那不是母獅，牠的腿太長，而且牠的身體對於一隻母獅來說也太細長了。不，那是隻斑豹，要留意看清楚，牠的大衣上有著黑色斑點呢。」

「牠真美啊！」小猴倒吸了口氣道。

「當然牠是美麗的，」牠母親答道，「牠也跟你一樣知道這點！所有的動物都跟著牠跑，羨慕不已，但當牠們看到牠的臉時，都恐怖奔逃。那光景可真嚇人呢！」

母猴接下去又說：「小心，我的兒子，斑豹是詭計多端的。當牠看到有讚美者追隨其後時，牠總是把面孔掩藏起來，以免把牠們嚇走。接著呢，牠就會迅若雷霆閃電般回轉身來，將牠的牙齒咬進最接近牠的犧牲者，把牠殺掉。」

> 不要根據對方外表的美醜來確定其是否值得交往；一定要遠離那些外表雖美、卻心懷歹意，可能帶給你危險的人。

蝴蝶和火焰

這是一個寂靜的夜晚。在黑暗中，一隻彩色繽紛的流浪漢——蝴蝶，沒有目標的亂闖。突然，牠發現遠方有一點點火光。

「那是什麼？」被火光迷惑的蝴蝶好奇的問。

牠想都不想就往火光飛去。

牠靠近了火光，快速的圍繞火焰飛翔。啊，多麼美啊！

不過，蝴蝶不滿足只欣賞一下火焰，還想品嚐一下，就像吮吸田野上的花蜜一樣。牠姿勢優美的停在半空，準備落在火焰上。

多麼可怕的感覺！牠驚恐的一跳，逃開了。在光亮下，蝴蝶發現，自己突然缺了一隻腿，非常漂亮的翅膀也被燒焦了。

「這是怎麼了？我遇到了什麼事？」蝴蝶沒有找到答案。這麼美麗的「光亮」還能令人感到遺憾？真是難以想像！

蝴蝶懷著這種疑慮，休息了一會兒，等恢復了氣力，又重新開始。

被迷惑的蝴蝶，眼睛緊緊地盯著火焰，懷著佔有它的決心，一頭投進了火焰。蝴蝶沒有遇到任何東西的撞擊，卻跌在油燈的油盤裡。

彌留之際，蝴蝶低聲的叨咕：「可惡的光亮！我渴望你給我帶來幸福，你卻給我死亡！我只能為自己瘋狂的夢想哭泣！可惜，我明白得太晚了，是你使我不幸！」

火焰聽見蝴蝶的抱怨，明智的回答：「可憐的蝴蝶，我可不是你想像的太陽！我是火焰。不謹慎的人不但會使用我，而且會自焚！」

> 不要盲目的被外表帶有光環的事物所迷惑。在徹底瞭解對方之前，不要輕率的去崇拜，更不能過分靠近，要注意保持適度的距離。

Trust Yourself

披著獸皮的獵人

蒙地有個獵人，大大小小的動物補捉過不少，家裡有各式各樣的獸皮。

有一次，他要去野外辦些事情，剛一出門，讓風一吹，頗有些寒意。於是他又返身進門，想找件獸皮擋擋寒，順手抓了一張獅子皮，披在身上就上路了。

到了野外，獵人越走越覺得不對勁。一陣風吹草動，他預感到有事要發生。果然只聽得一聲長嘯，一隻吊睛白額大虎跳了出來。獵人手邊沒帶什麼厲害的武器，心裡暗想：糟糕，要躲也來不及，這下可完了。於是他乾脆不逃了，只是閉著眼睛站在原地等死。

再說那隻老虎，早已餓了多時，一見有東西過來，就要往上撲。可是仔細一看，原來是隻大獅子！於是趕緊溜開了。

獵人站了半天，還不見老虎來吃他，大著膽子睜開眼一看，老虎夾著尾巴在往回跑，一閃就不見了，獵人給弄糊塗了。但又一想，對了，老虎肯定知道自己是個好獵手，因害怕自己而跑掉的。獵人非常得意，絲毫也沒往自己披的獅子皮上去想。

他趾高氣揚的回到家，逢人就誇耀說：「連老虎都知道我是打獵的好手，一見了我就馬上逃走了！」

又過了幾天，獵人又要去野外了。這一回，他隨便拿了一張狐狸皮擋風，像上次一樣，走了沒多遠就又碰上了老虎。獵人一點也不怕，大搖大擺的走了過去。老虎見是狐狸，連撲都懶得撲，就站在原地斜著眼睛瞧著他走過來。

獵人走到老虎跟前，見老虎還不讓路，不由大怒，高聲威脅說：「畜生，見了我還不滾開，當心我扒了你的皮！」

老虎猛地跳了過去，可憐的獵人就這樣成了老虎的一頓美餐，盲目的自以為是，不考慮客觀因素，獵人最終才落了個葬身虎腹的下場。

在很多時候，敵對雙方的力量對比是動態變化的，因此要根據外界條件的變化做出正確的決策，調整自己的行為，才能避免受到別人的傷害，取得競爭的勝利。

獅子和三頭公牛

在靠近森林的一個牧場上，生活著三頭肥壯的公牛。牠們幾乎形影不離，吃草、喝水、睡覺從來都沒有分開過。有隻獅子早就對牠們垂涎三尺了，但是牠始終沒有下手的機會，因為三頭公牛總是團結一致，從不分離。一直沒能得逞的獅子想出了一個主意：對公牛們挑撥離間，然後趁三頭牛獨處的時候，一個個的將牠們吃掉。

一天，獅子慢慢地接近一頭稍微遠離夥伴的公牛，對牠說：「你應該留心你的那兩個夥伴。牠們想要霸佔這塊草地，決定聯手幹掉你呢，你看，牠們在竊竊私語，而且還不時的偷瞄你……」公牛回頭一看，覺得確實就是這麼回事，從此以後便和自己的夥伴越來越疏遠。獅子對每頭公牛說同樣的話，結果三頭公牛漸漸形同陌路。

獅子的計謀得逞了。當牠撲向第一頭公牛的時候，在遠處的兩頭公牛都在想那是牠應該得到的報應。不過，這樣的「報應」很快也降臨到牠們自己頭上，第二天，牠們就都成了獅子的腹中物。

要懂得團結，千萬不要聽信小人挑撥離間的讒言。失去了團隊的合作，大家都會遭受損失。

瞎了一隻眼的鹿

一隻鹿在樹林邊的一塊草地上吃草的時候，一支箭突然從樹林間穿越而來，正好射在鹿的一隻眼睛上。幸虧鹿跑得快，才保住了性命。不過，鹿的一隻眼睛失明了。

一天，這隻瞎了一隻眼的鹿來到海邊，回想起那次令人不寒而慄的危險經歷，仍然心有餘悸。「陸地真是一個光怪陸離的地方，到處都充斥著險惡，我一定要吸取上次的教訓，對陸地加強警惕！」這樣想著，鹿回轉身子，用那隻好的眼睛注視著陸地，防備獵人的攻擊，而用瞎了的那隻眼對著大海。

「海那邊應該不會發生什麼危險吧！獵人大多活躍在陸地上！」鹿為自己的小聰明感到很得意。可是，牠沒有想到的是，一艘漁船從海上經過這裡，捕魚的人正好看見了這隻鹿，而且欣喜的發現這隻鹿竟然是瞎子，於是用一枝長矛把牠射倒。

鹿被這突如其來的災難嚇呆了。在將要斷氣的時候，牠自言自語的說：「我真是不幸，我防範著陸地那面，而我所信賴的海這面卻給我帶來了災難。」

危險無處不在，一定要嚴加防範，千萬不可對可能的危險掉以輕心，犯想當然的錯誤。

頭上長角的動物

一隻有角的野獸不小心撞了獅子，誤傷了牠，使得獅子大發雷霆。為了杜絕此類事件的發生，獅子宣佈：在牠的領地裡，要放逐一切頭上長角的動物。於是，公羊、公牛馬上搬了家，斑鹿和公鹿也馬上遷徙，大家避之猶恐不及，鬧得群獸惶恐不安。有一隻野兔，無意中看到自己耳朵的影子，生怕有誰多嘴，把牠的長耳朵當成角，說耳朵就是角，於是也急著要搬走。

「再見了，我的蟋蟀鄰居，」兔子說，「我非離開這裡不可，因為別人會把我的耳朵當成角的，即便我的耳朵比鴕鳥的還要短，我還是會整日擔驚受怕的。」

蟋蟀責問道：「這也叫角，你把我當傻瓜了？這是上帝給你的耳朵嘛。」

「人家會把這看成角的，」兔子害怕的說，「還是會有人把牠看成是獨角獸的角，我即使否認也是白搭，我的理由和抗議都會被認為是瘋子的舉動。」

> 多留些心，多加防範很有必要，因此能避免在無意中引起別人的誤會和懷疑，進而有效的保護自己，避免很多危險。

貓和謹慎的老鼠

曾經有一隻十分厲害的貓，牠英勇善戰，是老鼠的剋星。老鼠見了這隻貓，都嚇得魂不附體，貓所到之處老鼠聞之色變。

這隻貓發誓要消滅世界上所有的老鼠。與牠相比，捕鼠器、滅鼠藥等都不值一談。當牠看到老鼠嚇得躲在洞裡不敢出來覓食時，牠就把自己倒吊在房梁上裝死，這狡猾的傢伙還抓著根繩索。看著這可憐相，老鼠還以為牠是偷吃了主人的烤肉或乳酪，再不就是抓傷了人或闖了禍，遭到吊起來的懲罰。於是，所有的老鼠都從洞裡出來，準備為牠的死亡而慶賀。

一開始，老鼠還只是試探性的伸出鼻子，露出小腦袋，再縮回窩去，漸漸地牠們試探著走出來幾步，然後伸伸懶腰四處找東西吃開了。就在這時，裝死的貓復活了，牠腳一落地便按住了幾隻動作遲緩的老鼠。

「我的計謀可多了，」牠嘴裡塞得滿滿的還在說，「這是個傳家寶，你們藏得再深也無濟於事，到頭來都只能成為我的腹中之物。」

果然應驗了預言，看似溫文的貓老兄又一次讓老鼠上了當。

這一次，牠把全身塗上白粉，連臉上也不例外，打扮後牠縮成一團藏在一個打開了蓋的麵包箱內。

由於偽裝得巧妙，小心翼翼的老鼠又撞到門前來送死了。只有一隻曾因從貓口逃生而丟掉了尾巴的老鼠，見多識廣，足智多謀。「這團麵粉再好我也不能要，」牠自言自語的遠遠打量化了妝的貓，「我懷疑這裡面一定有什麼名堂，不要說你裝成麵粉，你就是裝成乳酪，我也不會中圈套，你休想。」

> 辦事要謹慎，考慮問題要周詳，凡事多想個為什麼，然後再採取行動，否則將可能犯「大意失荊州」的錯誤。

可憐的小兔子

兩隻貓頭鷹棲息在樹枝上，緊盯著兔子在秋後收割過的田野裡奔跑。牠身後就像有一群獵狗跟蹤追過來似的。

「可憐的小兔子！」一隻貓頭鷹說，「牠甚至都不敢躲到窩裡去。」

「為什麼？」另一隻貓頭鷹感興趣的問。

「因為牠總是提心吊膽。」

「在自己家裡還有什麼可怕的呢？」

「所有的兔子都是這樣，」第一隻貓頭鷹說，「牠們惶惶不可終日。總是處在恐懼之中，眼睛瞪得圓圓的。特別是現在，秋天開始落葉了，兔子避著紛紛落下五顏六色的葉子奔跑，以為潛伏著什麼危險。自然界中的任何變化都使牠們心驚膽戰。」

「看來，兔子是膽小鬼！」

「是的。你看這隻小兔子，要在光禿禿的田野裡一直跑下去，直至落入獵人設下的捕捉器裡或被槍法精準的獵人射中。」

保持適度的警惕是必要的，但是不能過分，如果感到「草木皆兵」，經常自己嚇唬自己，時常生活在恐懼之中，就很難享受到安寧幸福的生活。

鶇和貓頭鷹

「我們自由了！我們自由了！我們再也不用怕什麼了！」一天，鶇看見一個人捉住了貓頭鷹，就這樣大喊大叫。

鶇十分開心，高興得使勁的喧鬧著。

「這是事實！貓頭鷹再也無法嚇唬我們啦！現在，我們可以高枕無憂睡大覺啦！」一隻鶇尖聲尖氣的說。

貓頭鷹落入人設下的陷阱，這是事實。人們很快的又把貓頭鷹關進籠子。

「我們的運氣真好！」一隻鶇發瘋似的大叫。「對，對！我們去看看關進牢房的貓頭鷹！」另一隻鶇建議。

鶇圍著死對頭的籠子邊飛舞邊唱歌。不過，這些鶇還不知道，人捕捉夜裡活動的貓頭鷹，是用牠當誘餌，準備捉更多的鳥。這些粗心大意的鶇從來沒有懷疑過，貓頭鷹會和捕捉牠的人串通好。

在籠子裡，貓頭鷹被放在一根棍子上，不過，仍然綁著一條腿。

「多開心！」鶇有點傻裡傻氣的大喊大叫，嘲弄著俘虜。

為了看得更清楚，這些沒有頭腦的傢伙落在附近的樹枝上，準備多待一會兒。牠們卻不知道，人在這些樹枝上塗上了黏鳥的膠。鶇不僅像貓頭鷹那樣失去了自由，還失去了生命。

有很多人喜歡看別人的熱鬧，幸災樂禍，這實在是一種惡習。為了自身的安全，要遠離那些可能的危險。

老虎和狡猾的猱

森林裡有一種猴子叫「猱」，身體輕捷，善於爬樹，一對爪子像小刀一樣尖利。牠經常向老虎獻媚，博取老虎的歡心。

老虎的頭皮三天兩頭發癢，癢急了就在樹幹上磨蹭。猱柔聲蜜語的說：「老虎大伯，在樹上磨蹭多髒啊，再說也不解癢呀。我幫您搔癢吧。」說著就跳上虎頭，用尖利的爪子給老虎搔癢。

老虎感到舒服極了，瞇著雙眼，直想打瞌睡。猱越搔越起勁，慢慢地在老虎的後腦勺上摳了一個小窟窿，把爪子伸進去，一點一點的掏老虎的腦漿吃。吃夠了，就把吐出來的剩渣奉獻給老虎：「老虎大伯，趁您打瞌睡的時候，我弄到了一點葷腥。我不敢自個兒吃。這些是孝敬您老人家的，您可別嫌少啊。」

老虎深受感動，感激的說：「你對我真是忠心耿耿，寧願自己餓著，也不忘孝敬我。我領情了。」

說罷，一口就吞了下去。

日子久了，老虎的腦漿被掏空了，頭疼得像要裂開一樣。牠這才發現自己上了猱的當，掙扎著要去找猱算帳。但是，猱早就躲到高高的樹枝上去了。

老虎狠狠地狂吼著，打了幾個哆嗦，倒在地上死了。

當別人用甜言蜜語奉承我們的時候，也許對方別有用心，懷有不可告人的目的，我們一定要提高警惕，千萬不要被奉承話沖昏頭腦，以致上當受騙。

遺憾的少年獵手

一個少年獵手，他長得剽悍魁梧，且擁有非常高超的狩獵技藝。這天清早，他收拾工具行囊，正準備進山去打獵，一個飄髯老者拐了進來，央求少年帶他一塊去。

老者弱不禁風。雖然他懂得一點醫術，但在以狩獵作為生存方式的深山，他便不太容易謀生。於是，他只有仰仗那些身強體壯、技藝高超的獵人，替他們做一些工作，以謀取自己的衣食。

少年見了老者，輕蔑的看了他一眼，聽他說明來意，便問：「我帶你去，你能做些什麼？」

老者遲鈍的說：「也許會用得著的。」

少年看看自己強壯的身體，心裡想，我應該用不著你的。但他是一個有同情心的人，他勸老者留在家裡，等他進山歸來，他會給老者送上一些山雞、野兔什麼的。

老者見少年如此說，千恩萬謝的離去了。

少年一個人進了山。他的技藝果然不凡，他不但捕獲到了山鷹、狐狸，而且還獵取了其他人很少捕獲的野鹿。他很高興。可是，當一天下午他正在深山叢林裡休息的時候，一條眼鏡蛇悄悄從背後向他襲來，在他的腳踝上猛咬一口之後，又倏地消失在茂密的草叢中。

少年在臨死之前想起了老者。老者的醫術是可以挽救他的性命的，然而已經晚了。

對於他人的好意，不要一味拒絕。須知，每個人都有其用處。

Trust

人生本來就不完美

相信自己

創造奇蹟

Yourself

Trust
Yourself

CHAPTER. 6

要學會享受生活，隨遇而安

Believe in yourself, create a miracle

婦人和十字架

一個疲憊愁煩的婦人，老是認為她的十字架比別人更重，所以渴望能夠和別人交換一個來揹。

一天夜裡，她做了一個夢：在她眼前擺著各式各樣、不同材質、不同大小的十字架。其中有一個小十字架上面鑲著鑽石和黃金，非常美麗。她想，揹這個一定很舒服。但她需要非常吃力的才能拿起它，原來鑽石和黃金雖然美麗卻太重了，她根本揹不動。後來她又看見一個木頭雕的十字架，上面還纏著美麗的玫瑰花。她想，這個容易多了。她輕鬆的拿起，但玫瑰花的尖刺使她痛苦不堪。

最後，她走到一個樸素的十字架前，她揹起它，覺得那是眾多十字架中最容易揹的一個。再仔細一看，她認出這是她原有的十字架。

> 很多事情其實並不像你所想像的那麼嚴重。拼命的壓抑自己並不能解決絲毫問題。與其這樣，還不如改變觀念。放棄尋找「十字架」的想法，努力適應和喜歡你現在身上的那個吧！

美麗的大石頭

有一塊美麗的大石頭，被山澗的激流沖洗得十分光潔。一天，激流開始變窄，衝力也漸漸減弱，最後，水全部退去完全不存在了。

就這樣，石頭在陡峭的山坡上顯露出來。巧的是，它正好在一座小樹林的附近，那裡恬靜而又美麗。山坡下面是一條石子路，光潔的大石頭佔有特殊的地勢，從那裡可以飽覽許多事物。在這長滿青草、開遍鮮花、充滿芳香的地方，照理說，它應當感到非常幸運。

一天，它望著道路，發現人們在鋪鵝卵石來使路面變得更堅硬。突然，它產生了一個衝動，想要到下面的道路去。

它對自己說：「我在這上面和青草混在一起做什麼？我應當和兄弟姐妹們生活在一起。我覺得，這樣做是最正確的。」它這樣說著，在衝動之下開始努力向下滾動。很巧，它一直滾到路中間才停下來，四周全是和它類似的鵝卵石。

「好極了，我就待在這裡吧。」

這條道路十分繁忙。鐵車從它的身上壓過，高大的駿馬強而有力的馬蹄鐵踏著它。還有穿著鐵釘靴子的農民和成群的牲畜都經常光顧它。

沒過多少時間，這塊美麗的石頭就遇到了許多麻煩，有的踐踏它，有的敲去它的一塊碎片。在灰塵、泥土和牲口的糞便下，幾乎都認不出自己的本來面目了！

被玷污的石頭開始向上看了，它痛苦的望著它離開的地方。那裡是多麼綠，多麼芳香和美麗！石頭為它失去的天堂歎氣，痛哭流涕，但是，一切都是枉然。

「啊，回不到山坡上去了！我永遠不會再有那種安寧的日子！對我來說，幸福不存在了……」

> 要學會享受生活，隨遇而安；千萬不能總是這山望著那山高，懷有不適當的欲望和追求；否則，就可能給自己招致磨難和痛苦。

快樂的人

從前，在一個遙遠的國家裡，國王病得很厲害。宮廷裡所有的醫生都來看過他。雖然盡了最大的努力，但是，國王的病情絲毫不見好轉，反而更加惡化了。後來，他們快絕望了，只得從國外請來了一位著名的醫生。

這位外國醫生看了一下國王的病情，嚴肅的說：「陛下，只有一樣東西能夠救你。」

國王問：「什麼東西？只要你能救活我，無論你要什麼，我都能給你。」

醫生說：「不，我是說，你只要穿著一件快樂的人的襯衫睡上一晚，你的身體就會康復的。」於是，國王派了兩個大臣去找一個快樂的人。叮囑說如果找到了，就把他的襯衫帶回來。

就這樣，兩個大臣首先找到了城裡最富裕的人，問他是不是一個快樂的人。最富裕的人說：「快樂？我難以預料明天我的船會不會遇難，小偷總是圖謀想進到我的家裡來。哎！有了這些煩惱的事，一個人怎麼會快樂呢？」

後來，兩個大臣又找到了僅次於國王的宰相家裡，他們問：「你是個快樂的人嗎？」

宰相說：「別傻了！外國有人要侵略我們，惡棍企圖奪我的權，奴僕們希望增加收入，有錢的人又想少繳些稅，你們想，作為一個宰相會是一個快樂的人嗎？」兩個大臣走遍了整個國家，始終找不到一個快樂的人。他們又疲勞，又悲傷，只得準備回宮了。正在這時，他們看到一個乞丐坐在路旁，生了一堆火，用一支長柄平鍋煎著香腸、煮飯吃，還很開心的唱著歌呢。

兩個大臣對望著：「這個乞丐不就是我們要找的人！」於是上前攀談：「看起來你很快樂。」

乞丐回答：「當然，我很快樂。」

兩個大臣高興得簡直不敢相信自己的耳朵，連忙異口同聲他說：「朋友，我們想出高價借用你的襯衫！」

乞丐一陣大笑，「對不起，先生們，但是我連一件襯衫也沒有。」

不要奢求華屋美廈，不必垂涎山珍海味，平平淡淡才是真。過一種簡樸素淨的生活，一種外在的財富也許不如人，但內心充實富有的生活，才能享受真正的人生。

農夫和橡實

一位農夫累了，坐在橡樹下休息，享受著清靜，他十分滿意的看著田裡的作物，那麼多瓜果，都好似他自己的子女，都是他辛苦勞作的結晶。他望著地上的南瓜和甜瓜突發奇想，自言自語：「為什麼上帝讓橡實長在高高的枝頭；為什麼不讓南瓜，甜瓜和黃瓜也長在高處呢？」

他的話剛剛說完，一顆橡實落下來，正好打在他的鼻子上。「天哪！」老實的農夫叫起來，「幸虧這是一棵橡實，如果是一個大南瓜，就把我的鼻子砸扁了！」

西方有一句名言：「存在的東西都是合理的。」雖然這句話未必完全符合事實。但，我們在很多時候還是應該採取順其自然、隨遇而安的態度，別盲目怨天尤人。

厭倦幸福的小馬

有一匹可敬的老馬，牠失去了老伴，身邊只有唯一的兒子和牠一起。

老馬十分疼愛牠，把牠帶到一片草地上去撫養，那裡有流水，有花卉，還有誘人的綠蔭，總之，那裡具有幸福生活所需的一切。

但小馬根本不把這種幸福的生活放在眼裡，每天濫啃三葉草，在鮮花遍地的原野上浪費時光，毫無目的的東奔西跑，沒有必要的沐浴洗澡，沒感到疲勞就睡大覺。

這匹又懶又胖的小馬對這樣的生活逐漸厭煩了，對這片美麗的草地也產生了反感。

牠找到父親，對牠說：「近來我的身體不舒服。這片草地不衛生，傷害了我；這些三葉草沒有香味；這裡的水中帶泥沙，我們在這裡呼吸的空氣刺激我的肺。我想，除非我們離開這裡，不然我就要死了。」

「我親愛的兒子，既然這有關你的生命，」牠的父親答道，「我們馬上就離開這裡。」牠們說了就做——父子倆立刻出發去尋找一個新的家。

小馬聽說要出去，高興得嘶叫起來，而老馬卻不這麼快樂，安詳的走著，在前面領路。牠讓牠的孩子爬上陡峭而荒蕪的高山，那山上沒有牧草，就連可以充饑的東西也沒有。

天快黑了，仍然沒有牧草，父子便只好空著肚子躺下睡覺。第二天，牠們幾乎餓得筋疲力盡了，吃到了一些長不高的灌木叢，心裡十分滿意。現在小馬也不再奔跑了，又過了兩天，牠幾乎邁開了前腿就拖不動後腿了。

老馬心想，現在給牠的教訓已經足夠了，就把兒子領上了一條牠不認識的路，走到半夜，又把牠帶回到原來的草地。小馬一發現嫩草，就急忙的去吃。

「啊！多麼絕妙的美味啊！多麼好的綠草呀！」牠喊叫了起來，「哪兒來的這麼甜這麼嫩的東西？父親，我們不要再往前去找了；我們別回老家去了——讓我們永遠留在這個可愛的地方吧，我們就在這裡安家吧，哪個地方能跟這裡相比呀！」牠這樣說著說著，天亮了。小馬認出了這個地方，原來這就是幾天前牠離開的那片草地。牠垂下了眼睛，非常羞愧。

享受太多，就會感到麻木，失去快樂；如果要得到幸福，就必需適度節制，限制自己過高的欲望。

悲觀的癩蛤蟆

從前，在一塊美麗的綠地上住著許多動物，大家都生活得很好，看起來胖胖的，容光煥發，也就是說，幾乎所有的動物都是這樣的——不過，一隻癩蛤蟆除外。牠的臉很醜，不時的伸著舌頭，嚼著泥土。

一天，胭脂蟲問癩蛤蟆：「你怎麼這麼瘦？」

「我總是餓肚子。」癩蛤蟆悲哀的回答。

「你整天只吃泥土，這我一點也不感到奇怪啦！」胭脂蟲長歎一聲，說，「你為什麼不吃飽呢？」

「總有一天，」癩蛤蟆更加悲哀的說，「泥土也會吃光了！」

做人不要患得患失或杞人憂天。生活中不應該鋪張浪費和沒有節制的揮霍，但是也不可過於悲觀吝嗇。

印第安人和紐約人

有一位長年住在山裡的印第安人因為特殊的機緣，接受一位住在紐約的友人邀請，到紐約做客。當友人引領著印第安人出了機場，正要穿越馬路時，印第安人對著友人說：「你聽到蟋蟀聲了嗎？」

友人笑著說：「你大概飛機坐太久了，這機場的引道連接到高速公路上，怎麼可能有蟋蟀？」

又走了兩步路，印第安人又說：「真的有蟋蟀！我清楚聽到牠們的聲音。」

友人笑得更大聲了：「你看，那邊正在施工打洞，機械的噪音那麼大，怎麼會聽得到蟋蟀聲呢？」

印第安人二話不說，走到斑馬線旁安全島的草地上翻開了一段枯倒的樹幹，招呼友人前來觀看那兩隻正高歌的蟋蟀！

只見友人露出不可置信的表情，直呼不可能：「你的聽力真是太好了，能在那麼吵的環境下還聽得到蟋蟀叫聲！」

印第安人說：「你也可以啊，每個人都可以的。我可以向你借你口袋裡的零錢來做個實驗嗎？」

「可以，可以。我口袋裡大大小小的銅板有十幾元，你全拿去用。」友人很快的把錢掏出來交給印第安人。

「仔細看，尤其是那些原本眼睛沒朝我們這裡看的人。」

說完話的印第安人，把銅板拋到柏油路上，突然，有許多人轉過頭來看，甚至有人開始彎下腰來撿錢。

「你看，大家的聽力都差不多。不一樣的地方是，你們紐約人專注的是錢，我專注的是自然與生命。所以聽到與聽不到，全然在於有沒有專注的傾聽。」

我們控制不了外部條件。要改變自己對生活的感受，最快的方法就是改變你注意的焦點。

快活的鳥兒和田鼠

一隻田鼠正在樹底下的草皮裡挖洞，牠把鼻子從草皮底下伸出來，大聲喊道：「鳥兒，閉上你的嘴，為什麼要發出這種可怕的聲音？」

這隻歌唱的鳥兒回答說：「哦，先生，我總是忍不住想要歌唱。你看，空氣是多麼新鮮；春天是多麼美好；陽光是多麼燦爛；世界是多麼可愛；我無法不歌唱。」

「是嗎？」田鼠睜大眼睛不解的問道，「這個世界美麗可愛嗎？這根本不可能。世界上的任何事情都是毫無意義的。我已經在這裡生活了這麼多年，我瞭解得很清楚。我曾經從各個方向挖掘，我不停的挖啊挖啊，但是我可以告訴你，我只發現了兩樣東西，就是草根和蚯蚓。再也沒有發現過其他東西，真的，沒有任何可愛的東西。」

快活的鳥兒反駁說：「田鼠先生，你自己上來看看吧。從草皮底下爬上來，到陽光裡來吧。你上來看看太陽、看看森林，看看這美麗可愛的世界，呼吸一下新鮮空氣。要是這樣，你也會忍不住流淚。上來吧，讓我們一起放聲歌唱！」

> 我們要做樂觀主義者，儘管世界上還有邪惡的東西存在，但要相信，世界整體上是非常美好的。

驢和馬

驢看到主人精心照料馬，並給牠豐富的飼料。

想到自己連糠麩都不夠吃，還要做十分繁重的工作，感到十分悲傷。

牠對馬說：「你真幸福！」

當戰事爆發時，全副武裝的戰士騎著馬，征戰於沙場，不顧槍林彈雨，衝鋒陷陣。

馬不幸受傷倒下，驢見到後，不再覺得馬比自己幸福，反而覺得馬比自己更可憐。

每個人都有自己的生活，都有自己的幸福與不幸。不要隨便羨慕別人，要學會坦然的享受自己的生活。

Trust Yourself

驢和騾子

有一天，驢夫趕著驢子和騾子一起馱貨趕路。驢子十分氣憤牠們倆馱的東西一樣多，而騾子認為自己應吃雙倍飼料。

牠們剛走一會兒，驢夫看見驢子有點走不動了，便從牠背上拿下一部分貨物，加在騾子背上。牠們又走了一會兒，驢夫看到驢累得更加不行了，又取了一部分貨物。最後把驢馱的所有貨物，全加在騾子背上。

這時，騾子回過頭對驢子說：「喂，朋友，你現在還氣憤我吃雙倍飼料嗎？」

> 每個人都有自己的職責和貢獻，因此而獲得相應的酬勞。不要與別人斤斤計較，過分爭名奪利。

蒼蠅和蜂蜜

一天，一個孩子追逐一隻貓，想抓住牠，這隻貓倉皇奔跑，一頭鑽進廚房裡將一瓶蜂蜜打破了。蜂蜜灑了出來，甜味彌漫在院子裡。有一群蒼蠅被蜂蜜的甜味吸引，紛紛從窗外飛進來停在蜂蜜的黏液上貪婪的吸吮著。但牠們沒注意到雙腳已被蜂蜜黏住了，依然享受著蜂蜜的甜味，沒多久，牠們飛不開也動不了，身體漸漸地凝在蜂蜜裡。

這群蒼蠅越是想掙脫，越是被黏得更牢，最後用盡了力氣也無法逃離。斷氣前，牠們嘶吼著：「我們真是傻，為了一點甜頭，竟然害了自己。」

目光短淺的人為了享受一時之快、貪圖蠅頭小利，結果只會遺禍無窮，葬送自己的大好前程。因此，在誘惑和享受面前，一定要保持冷靜，適度節制。

體弱的富翁和健康的窮漢

有兩個人，一個是體弱的富翁，一個是健康的窮漢。兩人相互羡慕著對方。富翁為了得到健康，樂意出讓他的財富；窮漢為了成為富翁，隨時願意捨棄健康。

聞名世界的外科醫生發現了人腦的交換方法。富翁趕緊提出要和窮漢交換腦袋。其結果，富翁會變窮，但能得到健康的身體；窮漢會富有，但將病魔纏身。

醫生做的手術非常成功：窮漢成為富翁，富翁變成了窮漢。

但不久，成了窮漢的富翁由於有了強健的體魄，又有著成功的意識，漸漸地又累積起了財富。可是同時，他總是擔憂著自己的健康，一感到些微的不舒服便大驚小怪。由於他總是那樣擔驚受怕，久而久之，他那極好的身體又回到原來那多病的狀態裡，或者說，他又回到了以前那種富有而體弱的狀況中。

那麼，另一位新富翁又怎麼樣呢？

他總算有了錢，但身體孱弱。然而，他總是忘不了自己是個窮漢，有著失敗的意識。他不想用換腦得來的錢相應的建立一種新生活，而不斷的把錢浪費在無用的投資裡，應了「老鼠不留隔夜食」這句老話。

錢不久便揮霍殆盡，他又變成原來的窮漢。然而，由於他無憂無慮，換腦時帶來的疾病也不知不覺的消失了。他又像以前那樣有了一副健康的身體。

最後，醫生發現，自己的手術白做了：兩人都回到了原來的模樣。

健康和富足都是觀念和習慣的產物。一個人如果不改變觀念，不改變習慣，就很難使生活發生根本的改觀。

看門人和耶穌

北歐一座教堂裡，有一尊耶穌被釘在十字架上的塑像。因為有求必應，所以專程前來這裡祈禱，膜拜的人特別多，幾乎可以用門庭若市來形容。

教堂裡有位看門的人，看十字架上的耶穌每天要應付這麼多人的要求，覺得於心不忍，他希望能分擔耶穌的辛苦。有一天他祈禱時，向耶穌表明這份心願。

意外的，他聽到一個聲音，說：「好啊！我下來為你看門，你上來釘在十字架上。但是，不論你看到什麼、聽到什麼，都不可以說一句話。」

這位先生覺得，這個要求很簡單。於是耶穌下來，看門的先生上去，像耶穌被釘在十字架般的伸張雙臂，本來塑像就雕刻得和真人差不多，所以來膜拜的群眾不疑有他，這位先生也依照先前的約定，靜默不語，聆聽信友的心聲。來往的人潮絡繹不絕，他們的祈求，有合理的，有不合理的，千奇百怪不一而足。但無論如何，他都強忍下來而沒有說話，因為他必須信守先前的承諾。

有一天，來了一位富商，當富商祈禱完後，竟然忘記手邊的錢便離去。他看在眼裡，真想叫這位富商回來，但是，他憋著不能說。接著，來了一位三餐不繼的窮人，他祈禱耶穌能幫助他渡過生活的難關。當要離去時，發現先前那位富商留下的袋子，打開，裡面全是錢。窮人高興得不得了，耶穌真好，有求必應，萬分感謝的離去。

十字架上偽裝的耶穌看在眼裡，想告訴他，這不是你的。但是，約定在先，他仍然憋著不能說。接下來有一位要出海遠行的年輕人來到，他是來祈求耶穌降福他平安。正當要離去時，富商衝進來，抓住年輕人的衣襟，要年輕人還錢，年輕人不知實情，兩人吵了起來。這個時候，十字架上偽裝的耶穌終於忍不住，於是開口說話了。

既然事情清楚了，富商便去找冒牌耶穌所形容的窮人，而年輕人則匆匆離去，生怕搭不上船。偽裝成看門的耶穌出現，指著十字架上說：「你下來吧！那個位置你沒有資格了。」

看門人說：「我把真相說出來，主持公道，難道不對嗎？」

耶穌說：「你懂得什麼？那位富商並不缺錢，他那袋錢不過用來嫖妓，可是對那窮人，卻是可以挽回一家大小生計；最可憐的是那位年輕人，如果富商一直纏下去，延誤了他出海的時間，他還能保住一條命，而現在，他所搭乘的船正沉入海中。」

人生本來就是不完美的，旅途中有太多不可預料的東西。很多時候，好事未必就好，壞事卻未必壞，好壞都是經常變換的。我們唯有隨遇而安，以一顆平常心對待生活。

一次自我診斷

一天，萊德佛恩覺得自己好像生病了，就去圖書館借了一本醫學手冊，看該怎樣治自己的病。他一口氣讀了許多內容，還不滿足，又繼續讀了下去。當他讀完介紹霍亂的內容時，方才明白，自己患霍亂已經幾個月了。他被嚇住了，呆呆地坐了好幾分鐘。

後來，萊德佛恩很想知道自己還患有什麼病，就依次讀完了整本醫學手冊。這下可明白了，除了膝蓋積水症外，自己身上什麼病都有！

他非常緊張，在屋子裡來回踱步。

萊德佛恩想：「醫學院的學生們用不著去醫院實習了，我這個人就是一個各種病例都齊備的醫院，他們只要對我進行診斷治療，然後就可以得到畢業證書了。」

萊德佛恩迫不及待的想弄清楚自己到底還能活多久！於是，就做了一次自我診斷：先動手找脈搏。一開始他懷疑自己連脈搏也沒有了！後來才突然發現，一分鐘跳一百四十次！接著，又去找自己的心臟，但無論如何也找不到！他感到萬分恐懼……

萊德佛恩不知道自己是怎麼來到醫生家的。

一進他家門，他就說：「醫生，我不跟你講我有哪些病，只說一下沒有什麼病，我的命不會長了！我只是沒有害膝蓋積水症。」

醫生給他作了診斷，坐在桌邊，在紙上寫了些什麼就遞給了他。他顧不上看處方，就塞進口袋，立刻去取藥。趕到藥店，他匆匆把處方遞給藥劑師，藥劑師看了一眼，就笑著退給他說：「這是藥店，不是飯店。」

萊德佛恩很驚奇的望了藥劑師一眼，拿回處方一看，自己也忍不住笑了，原來上面寫的是：牛排一份，啤酒一瓶，六小時一次。十英里路程，每天早上一次。

> 生活中，幾乎到處都有疑神疑鬼、老是擔心自己得了什麼病的人。我們一定要保持心態的平和，儘量享受生活中的每一天，不要沒病找病。

Trust Yourself

不停追逐的獵狗

俄亥俄州的威伯克奈塔瀑布有一隻獵狗，多年前，牠奉命跟蹤一個嫌疑犯。一路上，牠經過了阿克倫、克利夫蘭、布法羅、錫拉庫薩、羅切斯特、奧爾巴尼，最後來到紐約。這裡正在舉行一個盛大的西敏寺狗展，然而，這隻獵狗卻無法一飽眼福，因為嫌疑犯乘坐當天的第一班船去了歐洲。

在瑟港靠岸後，獵狗又跟著來到了巴黎、波伏瓦、加來、多佛、倫敦、賈斯特、蘭迪法諾、貝閣瑟科伊德，最後又到了愛丁堡。這裡正舉行一次國際羊展，為了盡職，牠不得不放棄參觀，又跟著那人到了利物浦。可是，還沒來得及看一眼這美麗的城市，牠又馬不停蹄的跟著那人回到了紐約。

在美國，獵狗一路跟蹤經過了田納西、特那夫來、奈阿克和皮派克。在皮派克，牠甚至顧不上和當地的剛毛小猛犬聊聊，因為那個嫌疑犯又日夜兼程趕往辛辛那提、聖路易斯、坎薩斯城，接著又回過頭來到聖路易斯、辛辛那提、科倫堡、阿克倫，最後又回到了威伯克奈塔瀑布。

可是這時，案情大白：此人根本不是什麼罪犯。於是乎，長途追蹤一下子變成一場白忙。在這場跟蹤中，獵狗腳趾肌肉受傷，體質大大減弱。最後，牠的奔跑速度甚至比烏龜快不了多少。此外，在跟蹤過程中，牠整日把眼睛和鼻子貼在地面，因此錯過了一個又一個觀賞美妙世界的機會。

每天生活在緊張中的現代人，要學會適當放鬆，欣賞和享受瀟灑的人生境界，不要過於匆忙的去追逐那些錯誤的人生目標。

痛失愛子的老婦人

很久以前，有一個老婦人，與她的獨生子相依為命老婦人原以為兩人可以長相依靠的，不料獨子突然得了重病，不治而亡。

老婦人的鄰居幫助老婦人把死者埋了。老婦人痛失愛子，死也不肯離開墳地。她不吃不喝，哭呀哭呀，只想與兒子一道離開人世。就這樣過了四、五天，老婦人果然氣息奄奄，命在旦夕了。

這時，虛竹大師來到老婦人身邊，問道：「妳為何停在墳間不肯離去呢？」

「唉！我唯一的愛子離我而去，我痛不欲生，只求跟兒子一起離開人世。」老婦人哭著說。

虛竹大師又問老婦人：「妳想不想讓兒子活過來呀？」

老婦人一聽，精神倍增，說：「當然想呀，你可有什麼辦法嗎？」

虛竹大師道：「你如果能找來一種香火，我便可以拿著此火為你兒子許願，讓你兒子復活。」

「那是什麼樣的香火呢？」老婦人問。

「這種香火就是從來沒有死過人的人家燃著的香火，你去把它找來吧。」虛竹大師說。

老婦人聽信虛竹大師的話，便四處討香火去了。

每到一戶人家，老婦人就問：「你家死過人嗎？」

「死過，曾死過不少人呢。」

老婦人繼續走，每到一戶，老婦人依舊問：「你們家以前死過人嗎？」

「死過，我們的祖先都在我們前面死了。」

「怎麼會沒死過人呢？」回答幾乎千篇一律。

老婦跑了許多路，問了不知多少戶人家，每家的回答，幾乎一模一樣。無可奈何，老婦人回來了，告訴虛竹大師：「我已經遍求所有人家，卻沒有一家沒有死過人的，這樣的香火看來我是取不來了。」

虛竹大師說：「既然如此，妳又何必為死了兒子而過度悲傷呢？」

老婦人頓時恍然大悟。

每個人在生活中都會遭受失去親人的不幸，這時，我們要冷靜客觀，要節哀順變。

各人的見識

有個人到寺廟裡去玩，他看見菩薩坐在上面，問道：「請問菩薩，您在想什麼？」菩薩說：「我什麼也沒有想。」「那您的眼神我們為何猜不透？」

「噢，是這樣，」菩薩安詳的笑了笑，「我的心明靜得像水，清澈見底。我什麼也沒有想，也不受外界情況變化的影響。所謂的七情六欲。只是你們見到喜歡的東西或高興或悲傷，而我除了吃的外，認為別的都是身外之物。懂得這個道理，你就可以成為聖人了。把一個人比喻成佛，他一生下來，什麼都沒有，如果他能隨遇而安，當勞作時勞作，當休息時休息，能心情快樂，助人為善，那何愁不如彭祖活八百歲呢？」

「那我活這麼長時間做什麼？」

「這個嘛，各人有各人的見識。」

「既然這樣，我可不想成佛，我就隨遇而安吧。多謝菩薩指點。下次再見。」

這個人走出了山門。

隨遇而安，並不是主張讓我們不思進取，而是強調要現實些，盡情欣賞和享受你所擁有的一切，不要去做好高騖遠、不切實際的追求。

快樂藤和快樂的根

整個春季和夏季旱得連飲用的水都很困難了，莊稼快成熟需要陽光的時候，卻風雨交加。天災人禍使小鎮的村民們浮躁不安，悶悶不樂。村長召來一位精壯的小夥子，吩咐道：「聽說終南山一帶出產一種快樂藤，凡得此藤者，皆喜形於色，不知煩惱，你速去採吧！」備足乾糧，配齊鞍轡，小夥子告別鄉里，策馬揚鞭，日夜兼程一路風塵朝終南山飛馳而去。水沛草美的終南山麓，小夥子發現一處藤蘿纏繞的小屋，一位老師傅正辛勤的工作著。他身穿布衣而無怨，腹裹野菜而無悔，面掛喜色，不知疲倦。小夥子畢恭畢敬上前詢問：「師傅，這些藤蘿真的能使您快樂嗎？」「當然。」

「可以送些給我嗎？」

「沒有問題。不過快樂不能僅憑藉幾株藤蘿，關鍵是要具備快樂的根。」

「埋在泥土中的根嗎？」

「不，埋在心中的根——那就是堅韌、頑強、執著、刻苦、純樸的品德。」

真正的快樂不是來源於外界，而是來源於我們的自身和內心。到外界尋求快樂，不如從自身努力，培養快樂的心態和習慣。

國王和宰相

從前有一個國家，地不大，人不多，但是人民過著悠閒快樂的生活，因為他們有一位不喜歡做事的國王和一位不喜歡當官的宰相

國王沒有什麼不良嗜好，除了打獵以外，最喜歡就是與宰相微服私訪民隱。宰相除了處理國務以外，就是陪著國王下鄉巡視。如果一個人的話，他最喜歡研究人生的真理，他最常掛在嘴邊的一句話就是「一切都是最好的安排」。

有一次，國王興高采烈的到大草原打獵，隨從們帶著數十條獵犬，聲勢浩蕩。國王的身體保養得非常好，筋骨結實，而且肌膚泛光，看起來就有一國之君的氣度。隨從看見國王騎在馬上，威風凜凜的追逐一頭花豹，都不禁讚歎國王勇猛過人！花豹奮力逃命，國王緊追不捨，一直追到花豹的速度減慢時，國王才從容不迫彎弓搭箭，瞄準花豹，嗖的一聲，利箭像閃電似的，一眨眼就飛過草原，不偏不倚鑽入花豹的頸子，花豹慘嘶一聲，撲倒在地。

國王很開心，他眼看花豹躺在地上許久都毫無動靜，一時失去戒心，居然在隨從尚未趕上時，就下馬檢視花豹。沒想到，花豹就是在等待這一瞬間，使出最後的力氣，突然跳起來往國王身上撲過來。國王一愣，看見花豹張開血盆大口咬來，他下意識的

悶了一下，心想：「完了！」

還好，隨從及時趕上，立刻發箭射入花豹的咽喉，國王覺得小指一涼，花豹就悶不吭聲跌在地上，這次真的死了。

隨從忐忑不安走上來詢問國王是否無恙，國王看看手，小指頭被花豹咬掉小半截，血流不止，隨行的御醫立刻上前包紮。雖然傷勢不算嚴重，但國王的興致被破壞光了，本來國王還想找人來責　一番，可是想想這次只怪自己冒失，還能怪誰？所以悶不吭聲，大夥兒就黯然回宮去了。

回宮以後，國王越想越不痛快，於是找了辛相來飲酒解愁。辛相知道了這事後，一邊舉酒敬國王，一邊微笑說：「大王啊！少了一小塊肉總比少了一條命來得好吧！想開一點，一切都是最好的安排！」

國王一聽，悶了半天的不快終於找到宣洩的機會。他看著辛相說：「你真大膽！你真的認為一切都是最好的安排嗎？」

辛相雖然發現國王十分憤怒，卻也毫不在意說：「大王，是真的，如果我們能夠超越自我一時的得失成敗，確實，一切都是最好的安排。」

國王說：「如果我把你關進監獄，這也是最好的安排？」

辛相微笑說：「如果是這樣，我也深信這是最好的安排。」

國王說：「如果我吩咐侍衛把你拖出去砍了，這也是最好的安排？」

辛相依然微笑，彷彿國王在說一件與他毫不相干的事。「如果是這樣，我也深信這是最好的安排。」

國王勃然大怒，大手用力一拍，兩名侍衛立刻近前，國王說：「你們馬上把宰相抓出去斬了！」侍衛愣住，一時不知如何反應。國王說：「還不快點，等什麼？」侍衛連忙上前架起宰相，就往門外走去。不過，國王突然有點後悔，他叫一聲：「慢著，先抓去關起來！」宰相回頭對他一笑，說：「這也是最好的安排！」國王大手一揮，兩名侍衛就架著宰相走出去了。

過了一個月，國王養好傷打算像以前一樣找宰相一起微服私巡，但想到是自己親口把他關入監獄的，一時也放不下身段去釋放宰相，歎了口氣，就自己獨自出遊了。

走著走著，來到一處偏遠的山林，忽然從山上衝下一隊臉上塗著紅黃油彩的蠻人，三兩下就把他五花大綁，帶回高山上。國王這時才想到今天正是滿月，這一帶有一支原始部落，每逢月圓之日就會下山尋找祭祀滿月女神的犧牲品。

他哀歎一聲，這下子真的是沒救了，心裡卻很想跟蠻人說：「我乃這裡的國王，放了我，我就賞賜你們金山銀海！」可是嘴巴被破布塞住，連話都說不出口。

當他看見自己被帶到一口比人還高的大鍋爐，柴火正熊熊燃燒，更是臉色慘白。

大祭司現身，當眾脫光國王的衣服，露出他細皮嫩肉的龍體。大祭司嘖嘖稱奇，想不到現在還能找到這麼完美無瑕的祭品！

原來，今天要祭祀的滿月女神，正是「完美」的象徵，所以祭祀的牲品醜一點、黑一點、矮一點都沒有關係，但就是不能殘缺。

就在這時，大祭司發現了國王的左手小指頭少了小半截。他忍不住咬牙切齒咒了半天，忍痛下令說：「把這個廢物趕走，另外再找一個！」

脫困的國王大喜若狂，飛奔回宮，立刻叫人釋放宰相，在御花園設宴，為自己保住一命也為宰相重獲自由而慶祝。

國王一邊向宰相敬酒說：「宰相，你說的真是一點也沒錯，果然，一切都是最好的安排！如果不是被花豹咬一口，我今天連命都沒了。」

宰相回敬國王，微笑說：「賀喜大王對人生的體驗又更上一層樓了。」

過了一會兒，國王問宰相說：「我僥倖逃回一命，固然是『一切都是最好的安排』，可是你無緣無故在監獄裡蹲了一個月，這又怎麼說呢？」

宰相慢條斯理喝下一口酒，才說：「大王！您將我關在監獄裡，確實也是最好的安排啊！您想想看，如果我不是在監獄裡，那麼陪伴您微服私巡的人不是我還會有誰呢？等到蠻人發現國王不適合拿去祭祀滿月女神時，誰會被丟進大鍋爐中烹煮？不是我還有誰呢？所以，我要為大王將我關進監獄而向您敬酒，因為您也救了我一命啊！」

> 人生有得必有失。對得失成敗抱持豁達的態度，辯證的看待問題，認為一切都是最好的安排，就會少了許多挫折感，生活就會格外輕鬆愉快。

小男孩和燕子

下午放學後，傑克獨自一個人坐在學校旁空地上看書，一隻燕子揮舞著翅膀停在傑克面前。

傑克放下手中的書本，看著低頭整理羽毛的燕子說：「燕子啊，我好羨慕你有對翅膀，可以飛到任何你想去的地方。我就不行了，如果沒有交通工具，沒有公車，沒有火車，我哪裡都去不成。你知道嗎？我到現在還沒搭過飛機呢。」

燕子停止整理羽毛的動作，抬起頭看著傑克說：「親愛的男孩，在天空飛翔並不見得想到哪裡就可以到哪裡啊。我必須先知道自己想去哪裡，要去哪裡。有時候漫無目的的飛令我感到厭倦。這種時候，我就想要有個自己的家，跟你一樣，可以好好休息，好好睡覺。可是，這是沒辦法完成的願望，因為燕子生來就得隨著季節遷徙。」

傑克愣了一下，笑著繼續對燕子說：「燕子，你知道嗎？雖然你這樣說有道理，但我還是羨慕你。我夢想有翅膀，可以在藍色的天空飛翔。我不喜歡學校的規定，不喜歡爸爸媽媽給我的規定，那些東西都不是我想要的。我有自己的想法，但他們老是告訴我這個不能做，那個不能做。不像你，可以不用管這些無聊的規定，自由自在的飛著。」

燕子抖抖自己的身體，輕聲的說：「小男孩，並不是有了翅膀你就會成為燕子或者成為天使，然後可以照著自己的想法去做一切的事情。如果有了翅膀就可以是燕子或天使的話，那你可以去買一件有翅膀的衣服就可以了。」

「如果你想跟燕子一樣自由自在的飛著，就必須捨棄很多的東西，你必須捨棄你的父母，你的朋友，捨棄你溫暖的家。下雨的時候，你只能躲在樹林裡，草叢中，還得提防周圍的危險。說不定睡覺的時候，會有狡猾的狐狸跳出來咬你一口呢。大自然是有它的法則存在的。我必須瞭解大自然的法則，必須遵守大自然的法則，該飛的時候就飛，該休息的時候就休息。就算你真的捨棄了你的父母，你的同學，你溫暖的家，你還是必須遵守大自然的法則。與其在這裡羨慕燕子，小男孩，你不如想想看，怎樣才能在你的生活裡得到樂趣，怎樣才能讓自己過得快樂。只有那些可以從生活中找到樂趣的人，才是真的自由自在，不受牽絆的。」

「我不懂。有那麼多的規定，我怎麼可能過得快樂呢？」傑克放下手中的書本，走到燕子面前。

「對，就是要在那麼多的規定中找到你自己可以快樂的方式，你才會真的快樂。就像你在這裡看書，你覺得快樂嗎？」

「快樂啊。我好喜歡看書，每次看書都會讓我覺得快樂，讓我覺得我好像跟書中的人物一起過了個愉快的下午。」傑克興奮的點點頭。

「是啊，小男孩。你還是在許多的規定中生活，但是，你還是可以找到可以讓你自己快樂的方式，不是嗎？這樣的快樂才是真實的啊，不要羨慕燕子了，燕子也很羨慕你的呢。」

> 幸福只是一種感覺。一個人的處境是苦是樂通常都是主觀感覺的。苦樂全憑自己判斷，這和客觀環境並不一定有直接關係。「境由心造」，只要你真心覺得自己比誰都快活，那麼你就的確會如此。只要心態好，生活自然快活舒心。

狼和快樂的松鼠

春天到了，一隻松鼠在樹枝間跳來跳去。一不小心，牠從樹上掉了下來，碰巧砸在一隻正在樹下睡覺的狼身上。狼站了起來，抓住了松鼠要吃掉。

小松鼠懇求狼饒命，牠說：「拜託你，求你放了我吧。」

狼說：「好，我可以放了你。但你必須告訴我一件事，為什麼你們松鼠總是一天到晚快快樂樂，我總是覺得煩悶。看看你們，在樹上玩啊跳啊，總是那麼開心，這究竟是什麼原因呢？」

松鼠說：「你先放了我，讓我在樹上告訴你，要不然我太怕你了。」

狼放了松鼠，松鼠飛快的爬上了樹，站在樹梢上說道：「你覺得煩悶是因為你秉性兇惡，兇惡折磨你的心；我們快樂是因為我們善良，從來不對任何人做什麼壞事。」

因為沒有私心雜念，不必挖空心思的算計。正直、善良、心懷坦蕩的人，會生活得更簡單，更輕鬆，更快樂。

鬱悶的小和尚

有好多天了，慧能小和尚獨坐寺內，悶悶不語。師父看出了其中的玄機，也不語，微笑著領著弟子走出寺門。門外，是一片大好的春光。師父依舊不語，懷抱春光，打坐於萬頃溫暖的柔波裡。

放眼望去，天地之間彌漫著清新，半綠的草芽，斜飛的小鳥，動情的水河。慧能小和尚深深的吸了口氣，偷窺師父，師父正安詳的打坐在山坡上，心中空無一物。

小和尚有些納悶，不知師父葫蘆裡到底賣的什麼藥。

過了餉午，師父才起來，還是不說一句話，不打一個手勢，領著弟子回到寺內。剛到寺門，師父突然跨前一步，輕掩上兩扇木門，把小和尚關在寺門外。

小和尚不明白師父的意旨，逕自坐在門前，半天納悶不語。很快，天色暗了下來，霧氣籠罩了四周的山岡、樹林、小溪，小鳥也漸漸變得不明朗起來。

這時，師父在寺內朗聲叫他的名字，進去後，師父問：「外邊怎麼樣了呢？」

慧能答：「全黑了。」

「還有什麼嗎？」

「什麼也沒了。」慧能又回答說。

「不，外邊還有清風、綠草、鮮花、小鳥，一切都還在。」

慧能頓悟，明白了師父的苦心，而這些天籠罩在他心頭的陰霾也一掃而空了。

有的人活得很黯淡，並不是因為他的生活中缺乏陽光，而是由於消極的心態早已把所有朝向陽光的窗戶緊緊關上了。

與生俱來的樂天派

一位疲憊的詩人去旅行，出發沒多久，他就聽到路邊傳來一陣悠揚的歌聲。那是一個快樂男人的聲音。

他的歌聲實在太快樂了，像秋日的晴空一樣明朗，如夏日的泉水一樣甘甜。任何人聽到這樣的歌聲，都會馬上被感染，被快樂緊緊地包裹起來。

詩人駐足聆聽。歌聲停了下來，一個男人走了出來，他的微笑甚至比他本人出來得更早。

詩人從來沒有見過一個人笑得這樣燦爛，只有一個從來沒有經歷過任何艱難困苦的人，才能笑得這樣燦爛，這樣純潔。

詩人上前問候：「你好，先生，從你的笑容就可以看得出來，你是一個與生俱來的樂天派，你的生命一塵不染，你既沒有嘗過風霜的侵襲，更沒有受過失敗的打擊，煩惱和憂愁也沒有叩過你的家門……」

男人搖搖頭：「不，你錯了，其實就在今天早晨，我還丟了一匹馬呢，那是我唯一的一匹馬。」

「最心愛的馬都丟了，你還能唱得出歌來？」

「當然要唱，我已經失去了一匹好馬，如果再失去一份好心情，我豈不是要蒙受雙重的損失嗎？」

「人生之不如意十之八九。」在很多時候，得失成敗並不會如我們所期望的那樣可以選擇。但是，生活是否幸福快樂全在於我們的感覺，以更豁達的態度去對待發生的一切吧！

上帝和三個商人

在猶太人中流傳著這樣一個故事。三個商人死後去見上帝，討論他們在塵世中的功績。

第一個商人說：「儘管我經營的生意幾乎破產，但我和我的家人並不在意，我們生活得非常幸福快樂。」上帝聽了，給他打了五十分。

第二個商人說：「我很少有時間和家人待在一起，我只關心我的生意。你看，我死之前，是一個億萬富翁！」上帝聽罷默不作聲，也給他打了五十分。

這時，第三個商人開口了：「我在塵世時，雖然每天忙著賺錢，但我同時也盡力照顧好我的家人，朋友們很喜歡和我在一起，我們經常在釣魚或打高爾夫球時，就談成了一筆生意。活著的時候，人生多麼有意思啊！」上帝聽他講完，立刻給他打了一百分。

> 不會欣賞和享受每天的生活是現代人最大的悲哀。太多的人忙於奔波，為了賺錢而無意中預支了「此刻的生活」。

謝謝您購買 人生本來就不完美：相信自己，創造奇蹟 這本書！

即日起，詳細填寫本卡各欄，對折免貼郵票寄回，我們每月將抽出一百名回函讀者寄出精美禮物，並享有生日當月購書優惠！

想知道更多更即時的消息，歡迎加入"永續圖書粉絲團"

您也可以利用以下傳真或是掃描圖檔寄回本公司信箱，謝謝。

傳真電話：（02）8647-3660　　信箱：yungjiuh@ms45.hinet.net

☺ 姓名：　　□男　□女　　□單身　□已婚

☺ 生日：　　□非會員　　□已是會員

☺ E-Mail：　　電話：（　）

☺ 地址：

☺ 學歷：□高中及以下　□專科或大學　□研究所以上　□其他

☺ 職業：□學生　□資訊　□製造　□行銷　□服務　□金融

□傳播　□公教　□軍警　□自由　□家管　□其他

☺ 您購買此書的原因：□書名　□作者　□內容　□封面　□其他

☺ 您購買此書地點：　　金額：

☺ 建議改進：□內容　□封面　□版面設計　□其他

您的建議：

新北市汐止區大同路三段一九四號九樓之一

大拓文化事業有限公司收

請沿此虛線對折免貼郵票，以膠帶黏貼後寄回，謝謝！